中国科技之魂

中宣部主题出版重点出版物

铸盾苍穹 王小谟

中国编辑学会◎组编

石如镜 贺玉龄◎著

国防工业出版社

北京

图书在版编目（CIP）数据

铸盾苍穹 ： 王小谟 / 中国编辑学会组编 ； 石如镜，
贺玉龄著. -- 北京 ： 国防工业出版社， 2024. 12.
-- （中国科技之魂）. -- ISBN 978-7-118-13576-3

Ⅰ. K826.16

中国国家版本馆 CIP 数据核字第 2024TD6121 号

内 容 提 要

王小谟院士是我国著名雷达专家，中国现代预警机事业的开拓者和奠基人。本书记述了王小谟院士跨越新民主主义革命、社会主义革命、社会主义建设和改革开放多个历史阶段的人生经历，特别是记录了王小谟院士矢志科技报国、潜心国防科学技术研制的奋斗历程，以海量照片和文字细节还原王小谟院士非凡的人格魅力和科学家精神，旨在以王小谟院士身上宝贵的精神财富和他代表的国防领域的科学家之魂，传承弘扬“自力更生、协同作战、顽强拼搏、创新图强”的预警机精神，勉励后来者自立自强接续奋斗之志，投身民族复兴。

本书适合关心我国科技事业的广大读者，特别是在校大学生、中小学生阅读。

“中国科技之魂”丛书 ZHONGGUO KEJI ZHI HUN CONGSHU

铸盾苍穹：王小谟 ZHUDUN CANGQIONG WANG XIAOMO

♦ 组　　编　中国编辑学会

著　　　石如镜　贺玉龄

责任编辑　崔　云　郝　刚　欧阳黎明　王京涛

♦ 国防工业出版社出版发行　北京市海淀区紫竹院南路 23 号

邮编　100048　电子邮件　cuiyun629@126.com

网址　https://www.ndip.cn

北京盛通印刷股份有限公司

♦ 开本：720×960　1/16

印张：16　2024 年 12 月第 1 版

字数：201 千字　2024 年 12 月北京第 1 次印刷

定价：99.00 元

“中国科技之魂”丛书编委会

丛书序言一

弘扬科技之魂　共筑强国之梦

站在新的历史起点，回望过去，在中国共产党的坚强领导下，一代代科技工作者以国家民族的前途命运为己任，投身科学救国、科研报国、科教兴国、科技强国的伟大事业。他们为国家富强前赴后继、接续奋斗，取得了无数举世瞩目的成就，实现了中国科技实力一次次的历史性跨越。这一过程中，孕育形成了内涵丰富、历久弥新的科学家精神，成为中国共产党人精神谱系的重要组成部分，长久涵养后人。

习近平总书记指出："科学成就离不开精神支撑。科学家精神是科技工作者在长期科学实践中积累的宝贵精神财富。"科学家的观点和思考可能只适用于某个特定的时期，但他们所代表的科学家精神却能超越个体的差异、超越时间的限制，成为一种普遍的文化遗产和精神财富，不断被传承和发扬。近代以来，那些我们所怀念的来自不同领域的伟大的中国科学家，都在自己所处的那个年代提出和倡导过某个促进科技进步、社会发展的思想、理念、观点，虽内容各异，但核心理念一脉相承——实现民族复兴的坚定信念，正如历史的洪流，滚滚向前。

当前，世界之变、时代之变、历史之变正加速演进，全球科技创新进入前所未有的活跃期。面对新一轮科技革命和产业变革，我们比以往任何时刻都更深切地感受到"科技兴则民族兴，科技强则国家强"的要义，实现中华民族伟大复兴之大局呼唤科学家精神，应对世界百年未有之大变局需要科学家精神。

在深入学习党的二十大报告提出的“培育创新文化，弘扬科学家精神，涵养优良学风，营造创新氛围”的号召后，中国编辑学会深感弘扬新时代科学家精神的责任重大、使命光荣。2023 年 1 月，中国编辑学会组织人民邮电出版社、人民卫生出版社、科学出版社等多家科技出版强社，共同策划了一套以中国科学家精神为主题的理想信念科普读物及精品传记力作——“中国科技之魂”丛书，旨在与当前中国科技发展的现状和挑战相结合，更好地反映科学家的精神信仰和社会价值，尤其突出科学家在时代洪流中的具体实践，形成当前新时代背景下可传承、发扬、鼓舞人心的精神力量。

“中国科技之魂”丛书共 19 分册，以习近平新时代中国特色社会主义思想和党的二十大精神为指导，以对“中国科学家精神”“中国共产党人精神谱系”等“新时代、新精神、新思想”的“新解读”为定位，选取 19 位政治立场正确、党和人民高度认可、在各自领域做出杰出贡献的泰斗级中国科学家，描绘他们热爱党和人民、热爱科技事业、热爱生活的鲜活形象，详述他们可贵的精神品质、突出的科技贡献、创新的思维方式、丰富的生平故事、独特的人格魅力，大力弘扬以“爱国、创新、求实、奉献、协同、育人”为内涵的中国科学家精神，展现以伟大建党精神为源头的中国共产党人精神谱系，尤其突出新时代新思想背景下，传承中国科技之魂对赓续创新奋斗的精神血脉、凝聚民族复兴的磅礴力量的战略意义，启迪中国科技工作者自觉践行、大力弘扬精神之魂，投身科技创新，建设科技强国，让大众深刻理解科学家精神的时代价值和历史意义，激发全社会的科学兴趣和创新热情。

中国编辑学会高度重视“中国科技之魂”丛书的出版工作，集多家科技出版强社的合力精心打造，成立了审读顾问委员会，对丛书架构、目录、样章等多次进行详细指导、审校；成立了编委会，统筹安排出版工作，把握整体进度；成立了出版工作委员会，开展丛书出版过程中的组织与协调工作；

充分调动了相关部委和单位的力量，组织了强大的写作团队，各分册均由科学家、科学史资深研究者、党史党建专家、宣传思想工作专家等组成写作班子；力推融合出版，融文、图、音频、视频、动画等于一体，最大限度地提升读者的阅读体验，确保“中国科技之魂”丛书在内容上权威、专业、生动，在形式上创新、多元、互动。

“中国科技之魂”丛书是对中国科学家精神的汇聚，向世界展示了中国科学家的卓越智慧与崇高追求，如繁星璀璨，照亮人类文明的灿烂星河，指引后人不断奋进。出版“中国科技之魂”丛书是对时代的献礼，对历史的致敬，更是对未来的期许，让科学家精神在新时代绽放出新的光芒，这是科技出版人对时代、对历史、对未来的深切责任与庄严承诺。我们坚信，“中国科技之魂”丛书将成为传承科学家精神、弘扬科学文化、激发创新活力的重要载体。让我们携手前行，为实现中华民族伟大复兴的中国梦贡献科技出版人的智慧和力量，在新时代的征程上，共同书写中国科技事业的辉煌篇章，铸就人类文明的新辉煌！

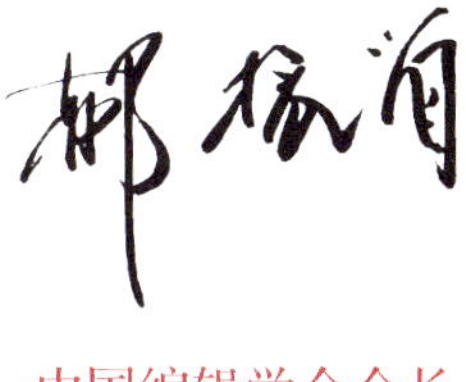

中国编辑学会会长

“中国科技之魂”丛书编委会主任

2024 年 12 月

丛书序言二

传科技之魂　燃复兴之光

科技兴则民族兴，科技强则国家强。党的十八大以来，以习近平同志为核心的党中央深入推动实施创新驱动发展战略和人才强国战略，提出加快建设创新型国家的战略任务，确立2035年建成科技强国的奋斗目标。党的二十届三中全会提出，教育、科技、人才是中国式现代化的基础性、战略性支撑。要优化重大科技创新组织机制，加强国家战略科技力量建设，统筹强化关键核心技术攻关。在中国共产党的正确领导下，一代代科技工作者以国家民族的前途命运为己任，投身科学救国、科研报国、科教兴国、科技强国的伟大事业。他们宛如璀璨星辰，照亮了强国建设和中华民族伟大复兴之路。习近平总书记号召我们要传承老一辈科学家以身许国、心系人民的光荣传统，把论文写在祖国的大地上。

正是在这种背景下，中国编辑学会组织多家出版单位编写了“中国科技之魂”丛书，精心选取19位在工业、农业、卫生、国防、基础学科等领域做出杰出贡献的泰斗级科学家。这些科学家政治立场坚定，深受党和人民敬重，在各自领域的贡献卓著。丛书描绘了他们热爱党和人民、热爱科技事业、热爱生活的鲜活形象，详述了他们丰富的生平故事、可贵的精神品质、独特的人格魅力、创新的思维方式、突出的科技贡献。他们的一生，是对科学真理不懈追求的一生，是对国家和人民无限忠诚的一生；他们的事迹，不仅是个人的荣耀，更是时代的缩影。他们的精神启迪着广大科技工作者自觉践行和大力弘扬求疑问真、严谨求实的科学家之魂，展示了中国特色社会主义道路的科技自信和文化自信，体现了“科技为民”的初心和使命，同时也让大众深刻理解科学家精神的历史意义和时代价值。他们不仅激励着我们这一代科技工作者，更影响着未来无数的科研人员，以实现为党和国家“立心”，为科技强国“立力”，为民族复兴“立基”，为人民健康“立命”，为青少年“立志”。

科技是人类进步的阶梯，是打开未来大门的钥匙。在当前这个科技迅猛发展的时代，我们比以往任何时候都更加需要科学家精神的指引。一代人有一代人的奋斗，一个时代有一个时代的担当。“中国科技之魂”丛书的出版是对历史的致敬，对时代的献礼，更是对未来的期许，让科学家精神在新时代绽放出新的光芒。它提醒我们，无论科技如何进步，科学家的责任感和使命感永远不能减退。我们坚信，“中国科技之魂”丛书将成为传承科学家精神、弘扬科学文化、激发创新活力的重要载体，为实现中华民族伟大复兴的中国梦贡献智慧和力量。

希望广大读者能从这套丛书中感受到科学家们的伟大精神，汲取奋进力量，积极投身科技创新与民族复兴的伟大事业。今有感书将付梓，谨呈敬意，是为序。

中国工程院院士、国医大师

中国中医科学院名誉院长

天津中医药大学名誉校长

“中国科技之魂”丛书编委会主任

2024 年冬于天津静海团泊湖畔

前　言

2023年3月6日，笔者惊闻王小谟院士去世的噩耗，当时正坐在他曾经工作过的办公室大楼中。虽然他已经因病好长时间没有来院里了，但感觉他还没有离我们远去，仿佛还能在电梯间碰到他矍铄的身影，听到他爽朗的笑声。倏忽之间，王院士已化为天上星辰，正如与他同名的小行星一般在群星中闪耀，他将在后辈甚至后人心中熠熠闪光，引领军工电子人传承弘扬“自力更生、协同作战、顽强拼搏、创新图强”的预警机精神，为预警机事业跨代发展不懈奋斗、砥砺前行！

笔者曾经和贵州某次“院士之行”中作为随行记者跟随采访过王院士及夫人。两位老人的质朴、亲切，王院士的记忆力、渊博学识都给我留下了深刻印象，情景历历在目。在贵州回顾都匀三线建设人生路，仿佛我也跟随他重温了一段人生历程，那些苦那些甜，犹在昨天，难以忘怀。和王院士交谈感觉印象最深刻的是，他常常说自己一辈子只干了一件事。其实他干了很多，贡献也很大，这么说一方面是谦虚谨慎的态度，一方面是他在干所有的事的时候都全力以赴，朝着心中所想心无旁骛，朝着一个目标前进。采访王院士是一件轻松而幸福的事情，他不像有的专家讳莫如深，也不像有的成功人士洋洋洒洒，而是思路清晰、笃定、健谈又专注，而且记忆力很好，精神头很足，满头华发却一点都不像八十多岁的老人。记得有一次把一篇专访他的稿件起草好，请他审阅时，笔者内心惴惴不安，因为时间紧任务重，这篇稿子是由对王院士以往的采访整合而成，属于一篇“草就”之作，虽然内容没有太大问题，但是根据工作经验，领导级别越高提出的意见修改难度越大，第一次独立向院士报送稿件，重写？大改？还是被批得一无是处？然而，王院士认真审阅稿子后，把稿件中的“国产预警机成为世界上看得最远、功能最多、系统集成最复杂的机载信息化武器装备”后加了一个“之一”，这么一改，不仅逻辑上更加严谨，而且也显示出他谦逊的态度和博大的胸怀。王院士，堪称笔者的“一字师”。

笔者接到《中国科技之魂》丛书选题王小谟分册入选、由笔者负责书稿撰写的通知，感觉非常幸运，虽然王院士的其他传记作品和各种报道已经珠玉在前，但王院士一生从事雷达技术改造，致力于预警机事业，他的人生值得一写再写，大书特书。因为，那是一段与中国电子工业风雨兼程同心同行的旅程，那是一段拥抱着春华秋实峥嵘无悔的岁月。正如本套丛书的主题，王院士为代表的老一辈科学家，是中国科技之魂，科学家的寿命是有限的，他们的观点和思考可能只存在于某个特定的时期，但他们所代表的科学家精神却能超越个体的差异，超越时间的限制，成为一种普遍的文化遗产和精神财富，不断为后人传承和发扬。为了增加可读性，笔者以大众较为熟知的电影或小说名为章节命名，希望通过这种方式让大家更加了解生性浪漫的小谟院士，他的光影人生正如电影和小说一样韵味悠长，华彩动人。

一生择一事，一世倾芳华，这是笔者心目中的王小谟。感谢丛书编纂委员会发来的邀请，让我们跟随工程师王小谟，记录他的“一生一事”。感谢我的工作单位中国电子科学研究院，以及各位领导同事，不遗余力提供支持，让我在前人的肩膀、同事的脚印上追溯王院士的点滴事迹，这部书的每一个字符都是集体的力量，众人的智慧。感谢王小谟院士的家人们，他们提供了王院士生前的海量照片，让这本书更加完整，更加鲜活。

往事如烟常成忆，先生作古竟凝噎。致敬，国之脊梁！缅怀，科技之魂！

石如镜　贺玉龄

2024 年 12 月 12 日

王小谟

1938—2023

成功在于再坚持一下。

目　录

序幕
他用一生为祖国“站岗放哨”

“我从来不相信中国人会比别人笨。别人搞得出来的东西，我们也可以。这个信念一直都在我心里，支持着我一辈子只做一件事：研制雷达。”

——王小谟

他提出世界首创新型预警机方案，突破 100 余项关键技术；

他培养出一大批年轻专家，成为我国军事电子领域的中坚力量。

2023 年 3 月，他永远离开了我们，但是他开创的事业依然在发扬光大。

在中国电科电子科学研究院的这间办公室，办公桌上整齐摆放着三架预警机的模型，它们讲述着王小谟院士辉煌并为之奋斗终生的事业。

1938 年，王小谟出生在战火纷飞的年代，这段经历给他留下了难忘的记忆，也在他心里种下了军工报国的种子。

国家勋章和国家荣誉称号获得者 王小谟

1961 年，王小谟以优异的成绩从北京理工大学毕业，被分配到国防部第十研究院第 14 研究所。

王小谟儿子王原：在雷达研究所那会儿，其实他就养成了说要去给国家看大门，要去给国家站岗。

立志要为国家站岗的王小谟全身心投入雷达的研制中，相继成功研制出：

我国第一部自动化三坐标雷达；

第一部中低空兼顾雷达等先进雷达。

并在之后承担了我国预警机装备的论证与研制。

预警机是将远程警戒雷达系统放置在飞机上，用于搜索、监控空中或海上目标，并可引导指挥己方飞机执行作战任务的飞机，是现代空中作战体系的核心。

“人民科学家”国家荣誉称号获得者王小谟：那么大的空域，哪个地方有什么东西你都不知道，那就等于瞎子，你怎么去打仗。现在飞机要来的话，都是贴海飞行，还有巡航弹，这些东西都是低空。超低空目标是我们防空非常难的一件事情，这个事情，就必须要有预警机。

因为在现代战争中的重要作用，各军事强国都把预警机作为发展的重点，但由于预警机研制涉及机载预警雷达、指挥控制、通信、电子对抗等众多尖端领域，是一项极为复杂的系统工程，研制难度极大。20 世纪 70 年代，我国就曾经启动预警机的研制，但终因当时国力有限和技术基础薄弱，未能成功。

“人民科学家”国家荣誉称号获得者王小谟：当时想得很简单，就把雷达放到飞机上面，这事做成了，做的就叫空警 1 号。做成以后，上去一看，根本看不到目标。

国家勋章和国家荣誉称号获得者 王小谟

1990 年海湾战争后，国家决定通过对外合作解决预警机装备急需的问题。王小谟担任中方总设计师，主持系统总体设计，他创造性地首次提出采用大圆盘、背负式、三面有源相控阵新型预警机方案，把研制要求提到了一个新的制高点。

王小谟同事、电子科学研究院党委书记张云：他事先在国内已经组织了队伍，在合作的过程中同步研制。因为他经常讲一个观点，他说预警指挥机打起仗，我们的飞机上了天，如果就因为一两个配件供不上了，指挥机就失灵了，那仗就没法打。所以一定要把这种自主权牢牢地掌握在自己手里。

事实证明，王小谟的未雨绸缪在后来起到了决定性的作用。2000 年，在西方大国的阻挠和施压下，外方选择单方面撕毁合作合同，在这个我国预警机装备发展面临何去何从的关键时刻，有人建议直接从国外购买，而王小谟坚持自主研制，大力推动国内立项。

“人民科学家”国家荣誉称号获得者王小谟：我东西做出来，国家再不用再出去买，这不是笑话吗？那个时候急死了，急得跟首长汇报的时候，我眼泪真是掉下来了，讲着讲着就哭了。

在王小谟的坚持和不断突破一道又一道技术难关之下，国家最终决定，不再购买国外预警机，全力自主研制更加先进的预警机。

2000 年，预警机的地面样机全面完工。

2001 年，预警机的试验样机飞上了天空。

就在预警机工程的关键时刻，王小谟不幸遭遇车祸，腿骨严重骨折，不久又诊断出淋巴癌。

王小谟学生、电子科学研究院副院长徐山峰：住院期间，他还是在一边指导工作，一边笑嘻嘻说没什么事。他告诉我，他说做事情你往往感觉最难要挺不过去的时候，基本就是要成功的时候了。

2009 年 10 月 1 日，新中国成立 60 周年阅兵式上，机群飞过天安门广场，领航机型是我国自主研发的预警机“空警 -2000”和“空警 -200”，这也是中国预警机第一次在全球观众面前公开亮相。

“人民科学家”国家荣誉称号获得者王小谟：我觉得最难的时间已经过去了，再也没有人怀疑说我们中国人自己不能搞了。国家总是需要有人站岗放哨，我们搞雷达的人，没有辜负国家的期望，从自力更生这条路，比较早地进入了国际先进行列。

“空警-2000”创造了世界预警机发展史上的9个第一，突破100余项关键技术，是当时世界上看得最远、功能最多、系统集成最复杂的机载信息化武器装备之一。今天，中国除了“空警-2000”外，还拥有“空警-200”“空警-500”等先进预警机，并且依然在不断改进升级中。

王小谟同事、电子科学研究院党委书记张云：他去世以后，电科院的很多员工，不能提小谟的名字，就不能提“王小谟”这三个字，提起心里就很难受，舍不得这位老先生。他就是我们的根和魂，我们要继承他的遗志，要发扬预警机精神，把小谟没干完的事情，带领我们电科院把它干好，为国家作更大贡献。

第一篇

与新中国共同成长

我们写了封信，主要的目的就是希望国家决策，让我们自己做。

我们当然可以从国外买，省时省力，但是一旦战争真的爆发，国外只要卡住几个配件，我们买回来的预警机就用不了。

——王小谟，20 世纪 90 年代初

第一章 旧中国

我和我的父辈

日军要挟我国，欺我四万万。同胞奔走呼号，誓死奔国难。况我爱国军人，铁血男儿！

——冯玉祥

如果说，你曾苦过我的甜，我愿活成你的愿。像你深爱的那样，而我将，梦你所梦的团圆。

——《我和我的父辈》(2021，中国）主题曲《如愿》

1842 年 8 月，英国舰队集于南京下关江面。长途奔袭的英军以劳克逸、以少胜多，逼迫清政府坐到了谈判桌前，签订了《南京条约》。《南京条约》主要规定了割地、赔款、赦免“汉奸”、五口通商，以及废除行商、新定税则等[1]。自此，这个古老帝国在时代大潮的裹挟下，懵懂地、被动地、缓慢地走向近代化。

上海，从此作为第一批开埠的口岸之一，登上了近代历史的舞台。在由传统商埠向近代都市转变的进程中，中外资本买办相互斗争依存，传统与西方相互掺杂影响，洋行、买办等各方势力相互渗透制约，“西风”影响下的上海面貌发生了根本变化。一方面颓废腐败的风气在加重，另一方面却因

1 茅海建. 天朝的崩溃——鸦片战争再研究 [M]. 北京：生活 · 读书 · 新知三联书店，2017: 469.

输入了西方物质文明和资本主义的文化，社会和人们的思想、知识渐趋现代化，近代的上海在畸形中发展演进[1]。

王小谟的祖父王斌就生活在这个时代的上海金山。从地理方位来看，金山南临杭州湾，西与浙江省嘉善、平湖相接，北接松江。在“自东向西、由边向内”的中国近代经济变迁的空间进程中[2]，金山无疑是占有地利的。而具体到王斌家族一脉，囿于所能掌握的材料，我们已经很难对其家族的繁衍生息有更加具体详尽的稽考。从当前材料来看，王斌，字悦岩，我们亦可以推测，王斌似乎至少为当地乡绅中的一员，并曾跟随清末举人、后成为民国重要官员的钮永建参加了辛亥革命[3]。

王斌共育有子女三人，长女王亚英（又名金书），长子即为王小谟之父王宏谟，字家桢，生于1907年3月，另有第三子王君谟，字家骏。1914年，7岁的王宏谟进入金山卫小学开蒙，后于1918年到金山县吕巷镇第三高小住校读书。从1914年上海学龄儿童的入学率来看，当时，入学率最高的上海市区约为32.745%，而包含上海周边县乡在内的学童入学率则仅为18.37%。从这点上似乎再次可以印证，金山王氏即使并非大富大贵之家，但经济小康，思想开明，重视子女教育这一点是肯定的。高小毕业后，王宏谟短暂就读于上海吴淞水产学校后，1922年，考入上海浦东中学读书。浦东中学，初名浦东中学堂，位于浦东六里桥，设立于1907年，为上海建筑商杨斯盛筹款兴建的私立学校，以“勤、朴”为校训，并延聘杨炎培为首任校董兼校长。

1925年，王宏谟从浦东中学毕业。通过父辈故交钮永建的引荐，

---

1 丁日初，沈祖炜．上海近代经济史·第1卷1843—1894[M]. 上海：上海人民出版社，1994: 700.

2 复旦大学历史地理研究中心，韩国仁荷大学韩国学研究所．海洋·港口城市·腹地[M]. 上海：上海人民出版社，2014: 1.

3 王小谟之父王宏谟在1963年写给王小谟的信中曾自述：“因家父王悦岩曾随钮永建参加辛亥革命。”

图为清末浦东中学校门

18 岁的王宏谟赴由西北边防督办冯玉祥新办的张家口西北陆军干部学校炮兵科读书。正是在这里，他与对他日后的职业军人生涯产生重要影响的冯玉祥建立了直接联系。

1926 年冬，王宏谟到炮兵科学习不足半年，即赴包头，任西北军独立第八师见习官。1926 年年底至 1927 年年底，20 岁的王宏谟先后任西北军独立第八师排长、连长、参谋等职，随军队辗转驻防于宁夏、陕西、河南等地。

1928 年秋，王宏谟离开南京，再次收拾行装北上。这一年，他考入陆军大学第九期。1931 年秋，陆军大学毕业后，24 岁的王宏谟被分配到国民革命军陆军第 88 师，自称自己“有些宗派主义思想”[1]，他依旧选择回到自己曾经服务过的“老部队”——西北军残部梁冠英处工作，任国民革命军第二十五路总指挥干部训练班上校教育主任。修身、齐家是传统中国人所必须要修好的两门功课，求学、求职告一段落后，25 岁的王宏谟于 1932 年与经人介绍相识相知的北京姑娘马鸿云结婚。

国如无安日，家也定无宁日。这个刚刚组建的小家庭犹如那个动荡时

1 丁日初，沈祖炜．上海近代经济史·第 1 卷 1843—1894[M]．上海：上海人民出版社，1994: 700.

代中的一叶扁舟，要在狂风巨浪中颠簸前行。其时，“九·一八事变”已经爆发，蒋介石领导下的南京国民政府坚持“攘外必先安内”，对侵华日军抱定“绝对不抵抗政策”，不仅未从围剿红军前线调回一兵一卒，而且对分驻在东北三省的东北军也下令不得抵抗，近20万东北军不战而退，东北三省很快全部沦陷。

侵占东北三省后，日军进一步向关内进军，蚕食华北。面对日军的肆意侵辱，面对南京国民政府一退再退、枪口向内的应对姿态，由于材料有限，我们无法细察青年军官王宏谟的内心世界，然而其发表在1933年第13期的《空军》杂志上的一篇题为《最近的国际现势与我们的努力》的文章，或许能够为我们提供一些线索。祖国山河破碎，王宏谟深感“日子是一天一天地过去，世界的危机是一层一层地潜伏。”日本欲壑难填，“狼吞虎咽，其势凌人”“平津必为淞沪第二”；他强烈反对南京国民政府寄希望于国联调停的软弱做法，认为“国联的集团，本来就是代表帝国主义者的利益总会，我们早就该不去乞怜了。可是中日事件，自经国联受理后，我国政府却尽力地依赖，总以为在强盗窟里，不见得所有强盗都没有天良，都不谙人情。”他以为，在国际外交上，不仅“假仁假义”的国联根本不值得信任，只要自己的国家“不够资格和他们做朋友”，那么所有的外交努力都是空谈，“没有自树的力量而完全求助于人，其结果必遭波涛的伏没。”中国要“立国于当今的世界中”，“整个民族自救的条件，这是决定于能否自奋，才有自树力量。能自奋，才有自树力量；有自树力量，才可以对暴日抵抗，才可以不受樱花三岛的威胁；也只有自树的力量，才可以不为国联所欺，才会得到强力的帮助。”因此，王宏谟在文中表达了号召“全国的人民，立思自奋”的炽热希望，尤其希望军人“更不可后人一步”，“否则，国土岂仅不保，而全民族的生命，亦必于瞬息之间，宣告入殓。[1]”

---

1 复旦大学历史地理研究中心，韩国仁荷大学韩国学研究所．海洋·港口城市·腹地[M]．上海：上海人民出版社，2014: 1.

时间是无情的，历史的长河太过浩荡苍茫，曾经在民国初期煊赫如钮永建者，后人知之者也是寥寥。而历史又是公正的，因为热爱自己的祖国、热爱自己的民族这种最为质朴的精神总有穿越时空的力量，给后来者以滋养。中华民族繁衍发展至今，靠的从来不是神的恩惠庇佑，其所依靠的正是千千万万如王宏谟这样的热爱国家、热爱民族的中国人的不懈奋斗，他们可能在历史的洪流中逐渐湮没无闻，但这种气节精神却代代相传，成为这个民族屹立于世的脊梁。

1933 年，刚刚新婚不久的王宏谟，胸怀军人“不可后人一步”的满腔热忱奔赴张家口，加入察哈尔民众抗日同盟军，任察哈尔警卫总司令部少将参谋长。察哈尔民众抗日同盟军是由冯玉祥、吉鸿昌等人领导的，深受中国共产党的影响和帮助的“革命军民之联合战线”，吸纳了察省的地方武装、原防守长城各口的爱国军队、原西北军旧部、原晋南的抗日救国军和东北各地撤退察省的义勇军等力量。1933 年 5 月 26 日，察哈尔民众抗日同盟军正式宣告成立，由冯玉祥任总司令。当天，冯玉祥就发布了察哈尔民众抗日同盟军总司令通电，电文说：“……玉祥深念御侮救国，为每一民众所共有之自由，及应尽之神圣义务，自审才短力微，不敢避战偷生。谨依各地民众之责望，在察省前线出任民众抗日同盟军总司令，率领志同道合之战士及民众，结成抗日战线，武装保卫察省，进而收复失地，争取中国之独立自由……凡不抗日或假抗日者，国民之敌，亦吾之敌。所望全国民众，一致奋起，共驱强寇，保障民族生存，恢复领土完整。”

凡有追求的中国人大概都是讲究士为知己者死，择木而栖的。从王宏谟选择服务于什么样的军队、追随什么样的将领中就可以窥见王宏谟想要成为什么样的军人，想要为建设什么样的国家贡献自己的力量，这里面所饱含的是爱国家、爱民族这种最为质朴纯粹的感情。在一些大是大非的抉择面前，于高尚者任何语言上的赞美都是苍白的，因为他们从来都是用自己的行动来给后世人做出表率的。

从 1933 年 5 月宣告成立，到 8 月 4 日冯玉祥迫于察省内外形势及个人的困难处境，被逼“山居静养”，抗日同盟军内部产生严重分裂，在内外交困中走向分崩离析。虽然察哈尔民众抗日同盟存在的时间不长，然而，却在“夹攻中奋斗”，先后克复康保、宝昌、沽源等地，血战五日收复多伦，其存续时间虽不长，但也是中国局部抗战中的重要组成部分，有力地打击了日本侵占华北和实现“蒙疆独立”的阴谋，对全国抗日起到了重要的动员作用，是中国抗日战争历史上的不朽一页。

察哈尔民众抗日同盟在内外夹攻中失败后，王宏谟于 1933 年年底在宣化加入了抗日义勇军骑兵第二十五旅，任上校参谋长。后骑兵旅被庞炳勋改编。1934 年春，王宏谟只能再次返回南京找工作。从 1928 年考入陆军大学北上求学，到 1934 年再次返回南京，短短六年，不论是国家命运还是个人际遇都有了天翻地覆的改变。他离开时，国家虽然贫弱，但还没有哪个列强如此明目张胆地侵占国土、屠戮同胞，然而现在，日本人步步紧逼，南京国民政府却在“不抵抗”中一退再退，大片国土拱手于人。他离开时，可能就是想成为一名能够保卫民族实现自立自强的铁血军人，但如今在抗日前线战斗的残酷现实让他更加清醒地认识到国家的软弱，要为国御侮就要准备更加彻底的奋斗与牺牲。这一年的春天，他回到南京，先后就职于陆军炮兵学校、国民政府参谋本部，在就职南京的三年间，他无日不在感受着国难深重一日更甚一日。

1937 年 7 月，“七七事变”爆发，在不到一个月的时间内，平津相继陷落，日军迅速南下，扩大侵略战争，妄图“三个月灭亡中国”。1937 年 8 月，日军借口虹桥事件寻衅，于 8 月 13 日进攻上海，此时的南京国民政府终于确定“全面抗战”的方针，调集重兵镇守上海，打响了进入全面抗战

图为“淞沪会战”期间，战争笼罩下的上海

后的第一次大规模会战，即“淞沪会战”，与日军血战三个多月，粉碎了日本速战速决，叫嚣在短期内灭亡中国的迷梦。

“七七事变”后，王宏谟转任国民革命军第十四军第四十五师少将参谋长，赴浙江余姚准备参加一线抗战。“淞沪会战”爆发后，第四十五师编入右翼作战军刘建绪集团军投入“淞沪会战”。根据当时右翼作战军的部署，刘建绪第十集团军主要由衢州向杭州推进，在战斗过程中，第十集团军“作殊死战”，军士“前仆后继，视死如归”，牺牲约计 36633 人。在器不如人，制海、制空权几乎完全被日军控制的条件下，淞沪战场上，中国军人几乎是以血肉之躯抵抗了三个月有余，其所“凭借的全是爱国的精神。”1937 年 11 月，终因抵抗不支，中国军队被迫后撤，“淞沪会战”以中国军队的失败告终，然其所写就的是一首中国军民勠力抗日的血泪悲歌。

王宏谟携正怀有身孕的妻子马鸿云，带着三岁的大女儿和一岁的二女儿随部队向后方转移。退至南京，由于局势混乱，两个孩子都太过幼小，马鸿云又有孕在身，难于照顾，无奈之下，王宏谟、马鸿云夫妇将二女儿寄养在南京一户姓赵的人家家中。然而，此一别即成永别，抗战胜利后，当王宏谟返回南京寻找二女儿的时候，才被告知，这个刚满一岁的幼儿脆弱的生命熬不过战火、屠杀、饥饿、瘟疫多重灾难的折磨，孩子早已离开了人世。

如果说，在往后方逃难的路上，有什么让王宏谟稍感慰藉的话，那就是 1938 年 11 月 12 日，他的长子——王小谟出生了。我们无法找到更多的直接材料来说明王宏谟在喜得儿子之时有多么喜悦，我们现在所能看到的就是，王宏谟从自己的名字中取了一个“谟”字给儿子命名，小谟者，宏谟之

图为小谟院士出生在随家人转移内迁途中。一出生，就成为了一个小小的战争“难民”

子也。王小谟的出生可能让王宏谟稍感欣慰，家族香火终于有人传承，尤为重要的是，自己的抱负志向也终于可以有人继承。小谟，是自己人生不断延伸发展的最为鲜活明媚的希望。

鲁滨逊漂流记

我不爱武器，我爱和平，但为了和平，我们需要武器。

——邓稼先

人不能重新开始，但总有办法找到出路。

——《鲁滨逊漂流记》（笛福，英国）

1945 年 8 月 11 日，日本投降的消息轰动山城重庆，从 8 月 10 日夜开始，重庆就已经被庆祝胜利的欢呼声浪所淹没。身处四川的王宏谟也被驱除外敌的巨大喜悦所席卷着。但抗日胜利只是第一步，因为长年战争，整个中国百废待兴，因此，和当时的许多中国人一样，戎马奔劳的王宏谟感到，是时候要铸剑为犁，复兴建国了。

1947 年夏，“一心想转业”的王宏谟终于达成所愿，被任命为上海中央训练团水产技术人员训练班的少将副主任，代理主任职务，全权主办水产技术人员训练班。中央训练团水产技术人员训练班是在王宏谟建议下，由国民党中央训练团和农林部共同举办的，训练班将战后日本赔付的十艘舰船有效地利用起来，其目的是组织安置部分抗战胜利后编余下来的军官，对他们集中进行水产技术训练，再转业到地方上培训渔业生产技术人才，如此既可以发展渔业，又可以解决编余军官的出路问题，还可充实海军后备力量，巩固海防，可谓一举三得。训练班训练时间一般为 1 年零 3 个月，前 3 个月为预备课，接着上 6 个月专业课，课程安排基本上按照正规水产学校的“渔捞、养殖、制造”三大门类开课，余下6个月的实习课到水产、航运、气象等部门去实习。实习期满，由各有关单位根据学员的成绩、志愿及业务需要而留用。

9岁的王小谟也在1947年随父亲返回上海，到上海虹口小学继续读书，战争期间，他曾先后断断续续就读于上海清华小学、湖南常德三德小学。这个一出生就几乎成为战争难民，在战乱中跟着家人东奔西跑的孩子，终于返回乡梓，安安静静地坐在了上海虹口小学的课堂上。

然而，树欲静而风不止。在上海安静的学习生活不足两年，王小谟的生活就又被打破了。1948年，解放军已经是势如破竹，摧枯拉朽，这一年的5月1日，中共中央发布的纪念“五一劳动节”的口号是，“打到南京去，活捉伪总统蒋介石。[1]”9月，辽沈战役正式打响，旋即攻克锦州，国民党长春守军第一兵团副司令兼第六十军军长曾泽生、新编第七军军长李鸿先后率部起义投诚，长春遂告解放；同月，国民党东北“剿总”副司令兼第一兵团司令郑洞国率部投降；同月，在淮海平原，华东野战军解放济南[2]……除在战场上节节败退，国统区的经济也几近崩溃。也是在这一年，国民党政府颁布了“财政经济紧急处分令”发行金圆券，引发空前的通货膨胀，并进行暴力“限价”，限期收兑民间黄金、白银、银币和外国币券，禁止任何人持有。就在金圆券发布的当月，国统区的物价就比前一年1月至6月上涨了五百万倍至一千一百万倍。罢工、罢课、游行请愿活动此起彼伏，国统区民怨沸腾、人心思变，国民党的统治早已成山崩地解之势。

除大环境的动荡不安，难以生活外，父亲王宏谟的工作环境也在不断恶化，陷入与顶头上司张君嵩的龃龉恶斗中。一方面，在国民党高层，曾经大力支持王宏谟开办水产技术人员训练班的中央训练团教育长黄杰离职，转由万耀煌接任，而万耀煌与王宏谟存在矛盾。更要命的是，王宏谟与自己的

1 姚夫，等．解放战争纪事［M］．北京：解放军出版社，2008: 283.

2 姚夫，等．解放战争纪事［M］．北京：解放军出版社，2008: 313, 317.

直接上司张君嵩的矛盾极其尖锐，几乎到了不可调和的地步，张君嵩向上级“积极控告”王宏谟。一时之间，既失去高层的庇护支持，又与上司关系紧绷到担心上司要加害自己的地步，王宏谟此时甚至为自己和家人在乱世中的生命安全都深感忧惧，他想要到解放区去，在那里，至少可以平安清朗地生活。

新中国成立前夕，王宏谟曾下令放行载有武器、药品等管制物品的舰船开往解放区，而这艘船很不幸地还是在公海被国民党军队拦截，这件事使得处境本就十分凶险的王宏谟身边的环境急剧恶化了。原本就想要除他而后快的对手欲借此机会置他于死地，王宏谟身边更显风声鹤唳，被逼到了非走不可的境地。

帮助王宏谟成功投奔解放区的是当时在水产技术人员训练班担任教职，并承担其秘书工作的中共地下党员王亚文。王亚文小王宏谟 3 岁，他 13 岁参加安源路矿大罢工，14 岁加入中国社会主义青年团，15 岁加入中国共产党，1925 年考入黄埔军校第四期。抗日战争爆发后，王亚文就在周恩来、董必武、叶剑英等人的单线领导下，打入国民党军队高层，从事情报工作，争取策反部分国民党军队将士起义，至 1948 年，王亚文已是中共上海地下党策反工作组组长了。

自水产技术人员训练班开办以来，王亚文便与他的夫人张端元在训练班分别教授英语及数理化课程；同时，王亚文与训练班副主任王宏谟关系亲密，并承担他的秘书工作。我们无法断言身为王亚文上司的王宏谟有没有为王亚文的地下情报工作提供便利，我们也无法判断王宏谟是否对王亚文的策反工作睁一只眼闭一只眼，至少当王宏谟产生到解放区去的念头时，他便与自己的秘书王亚文“商量”，由此，我们几乎可以推断，王宏谟似乎并非对王亚文的种种策反行动一无所知，他只是同情革命，知而不言，甚至暗中保护罢了。

1948 年秋，在中共上海地下党组织的帮助下，王宏谟只身逃离上海，奔赴北平。据王宏谟晚年时回忆，从上海到北平的经历堪称死里逃生，负责保证他安全的是一名中共上海地下党员，两人一路上万分小心谨慎，防止途中被国民党特务暗杀，有几次都是他们前脚离开，后脚就有特务杀到。就在进入北平的前一站，这名中共地下党员为掩护王宏谟先行离开，不幸被特务杀害。历经九死一生后，王宏谟终于平安到达北平，稍微整顿安定后，他所揪心的是要把还在上海的妻子儿女接到北平来。

危机之中的王宏谟之所以坚定地选择到北平去，很重要的原因之一是他希望同自己的老上级冯玉祥将军取得联系。1948 年 4 月，中共中央发出“各民主党派、各人民团体、各社会贤达迅速召开新政治协商会议，讨论并实现召集人民代表大会，成立民主联合政府”的号召，王宏谟的老长官、中国国民党革命委员会政治委员会主席冯玉祥将军也在被邀请之列，冯玉祥将军便从美国启程归国，参加新政治协商会议的筹备工作。然而，不幸的是，9 月 1 日，冯玉祥将军所乘坐的“胜利”号在归国途中忽然起火，冯玉祥将军不幸罹难。

天不悯人，人的一辈子不如意事十之八九，天遂所愿往往难得，反倒多的是阴差阳错、不该如此的遗憾，而所谓成功者，往往就是那些在阴差阳错中不至于茫然失措，在不该如此中没有衰颓自怨，能够始终振作的人。正如谁都没有想到身经百战、为“民主的真联合政府”奋斗了一辈子的冯玉祥将军抱憾地死于胜利前夕一样，曾经的少将军官王宏谟此时可能也在暗自喟叹一番造化弄人，不幸中的万幸是自己成功逃离了上海，躲过了对手的迫害，而因为冯玉祥将军的骤然离世，自己与新世界的联系似乎不再那么通畅了。前途命运虽然难卜，但王宏谟好歹在北平盼来了妻子与一双儿女，一家人总算团聚安定，迎来了解放，可以开始一种全新的生活了。

10 岁的王小谟可能还不能完全明白一家人从上海奔逃到北平的凶险，恐怕也不知道父亲王宏谟为什么选定北平作为全家人的落脚之所。王小谟在北平城郊的姥姥家迎来了北平的和平解放，他可能天天都要好奇地观察驻扎在姥姥家门口的解放军战士，甚至吃过他们烙的饼，他可能还会跑遍街巷，费劲地想要用自己认识的字读懂那些四处张贴的由林彪、罗荣桓、聂荣臻签署的布告，从这些布告和“中国共产党万岁！”“毛主席万岁！”“中国人民解放军万岁！”的欢呼声中，他隐隐地感觉到他们走进了一个崭新的时代。

活着

没有什么比时间更具说服力了，因为时间无需通知我们就可以改变一切。

——《活着》（余华，中国）

多年以后，当有人问起王小谟，父亲当时是怎么管教自己时，王小谟简单地说：根本不管！当再被追问父亲是怎么给自己言传身教，给予自己最大的影响是什么时，王小谟想了又想，也只能爽朗地笑笑说，真不管，也没什么深刻的印象，那个时候就是让我们自己长。可以说，王小谟在童年时代对自己父亲的印象是模糊的。这个所谓的“不管”，一方面可能是因为身为父亲的王宏谟个性疏阔；另一方面可能更是因为身为军人的王宏谟在随着部队的频繁调防中，根本无暇顾及其他，于儿子是不能管、没法管。

而身教是远重于言教的，王小谟虽然对父亲教育自己的方式印象模糊，但小谟的表弟回忆起大舅来却印象深刻。他的记忆中，这个大家族年节聚会规矩大得很，一身戎装的大舅是家中的主心骨，他仪表整肃，威严寡语，一大家子吃饭是绝不准乱说乱笑的，小孩子更是不许随意地追跑打闹。家长如果行端坐正，自然会不怒而威，会在不自觉间引来自己孩子的崇拜与模仿。虽然名为“不管”，但父亲王宏谟早已经用行动影响和教育了王小谟，哪怕颠沛流离，哪怕过着“逃难式的生活”，也要坚持抗日，也要上阵杀敌，绝不能做亡国奴，绝不屈膝苟且地活着。

1939年，王宏谟随军转移至西安，因此时第四十五师已被编入胡宗南第二十七军建制，而他本人又因非胡宗南嫡系遭到排挤，所以只被安排到由胡宗南兼任主任的西安黄埔军校第七分校，担任少将高级军官。黄埔军校第七分校，又称陆军军官学校第七分校，其主要生源为敌后有志于参军抗日的知识青年。在后方教学不满一年，王宏谟又返回前线，任陆军第一零九师少将参谋长，后又于1941年秋，调任第三十四集团军总司令部少将高级参谋。1942年秋，随陆军第五十七师入川。1943年夏，调任四川泸州警备司令部少将参谋长。当时，随着东南沿海地区尽陷于敌手，海上交通几乎断绝，加之国民政府西迁，重庆成为战时陪都和国民党战区指挥首脑机关所在地，而整个四川就成了大西南支持抗战的最重要省区。泸州与重庆毗连，战略地位重要，而且在战时军事设施建设、动员调集人力、物力支前方面也发挥着巨大的作用。而时任泸州警备司令部司令为蒋介石嫡系的李铁军，其同时兼任第三十七集团军副总司令、第七十六军军长，其所率部队为坚持抗战、拱卫陪都的一支重要力量。在供职于泸州警备司令部期间，王宏谟曾被选派赴印度兰姆加尔地区受训一个月，学习美国步兵轻重武器的使用。

从抗战期间王宏谟的经历来看，可以完全确定的一点就是，王宏谟是一贯坚持血战日寇、抗战到底的。从1933年加入察哈尔民众抗日同盟军，到参加“淞沪会战”，再到追随国民政府军队转移到后方，这段日子艰苦到堪比“逃难式的生活”，但是王宏谟却从来没有动摇过，他坚定地携家带口，战斗在抗日的前线。我们绝不能低估在历史上留下赫赫威名的英雄的智识与韬略，以及他们在某些重大历史关头所起的重要作用，然而，越是仔细爬梳，我们就越会发现，创造历史的最深厚力量则是来自于被历史洪流冲刷到几乎踪迹无寻的无数普通人。在抗日战争中，也正是因为有千千万万如王宏谟这样的、坚守自己民族尊严的中国军民的顽强抵抗，才有了中国熬过十四年抗战，迎来的最终胜利。每个普通中国人的坚持与不屈就是这个民族的骨气，也是这个民族自立于世的标识与根基。

繁忙的军务、紧张的前线战事几乎让王宏谟无暇顾及自己的家庭，这也就不难理解为什么童年时代的王小谟对父亲的记忆模糊至此了。所谓“宁为太平犬，不做乱世人”，其背后的辛酸艰难恐怕是长享太平的人难于想象一二的，我们缺乏对战乱、饥饿和贫穷直接的个人记忆，所有的语言描述似乎都有点矫揉造作，又似乎是隔靴搔痒，难于做到真正的感同身受。王小谟与家人虽然在后方未受屈膝为亡国奴之辱，但是生活也非常艰难，且不论王小谟自一出生就要随着父母一路奔逃，即使是在1942年到四川相对安定下来时，也必须要接受食物配给、物资短缺等各方面的生活束缚，更要命的是时不时就要“跑警报”。为了逼迫蒋介石政府投降，日军借助自己的空中优势，从1938—1944年，对四川进行了长达7年的轰炸，至少出动飞机7380架

图为日军对四川66个市县进行战略轰炸

次，对四川66个市县进行至少321天战略轰炸。“跑警报”几乎变成在后方坚持抗日的中国人的日常生活中的一部分，而跑完警报回家之后，很可能会发现，自己的家已经被日本人炸成一堆瓦砾了。

所以，即使父亲是当时国民政府军队的中高级军官，生活依然充满离乱艰难，其中，有在战乱中走失的二姐，有要上阵杀敌可能战斗牺牲的父亲，还有护着他与大姐避乱的母亲……这恐怕也是王小谟难于想起童年时期父亲陪伴自己的一个重要原因，因为在那样一个战乱的年代，不做亡国奴、平安地活着就已然是难能可贵了，栽培教育后代，扶掖他们成龙变凤则几成奢谈。

第二章　新中国

少年的你

当时搞国防挺时髦的，觉得挺光荣的，想来还不一定能来的了呢，学校要挑各方面都好的学生。来了以后也觉得学校是不错的，搞国防，特别是搞无线电、雷达，这在当时50年代的时候代表着无线电里面最先进的通讯（通信），所以非常满意。

——王小谟，2010年

总有一个你，是少年的你。少年无惧，一往无前。

——《少年的你》（2019，中国）

1949年9月27日，北平被确定为中华人民共和国的首都，改北平为北京。

王宏谟带着一家人搬进北京城内，租住在西单报子街40号（今民族饭店处）的大杂院内。王小谟进入卧佛寺街小学读书，这已经是他自1944年成为一名小学生以来，第四次更换学校了，现在的他终于可以安下心来，踏踏实实地做回学生，成长为一名新中国的新少年了！

如果一定要用一个词来描述少年时代的王小谟的话，那么“聪明”就是他身上怎么也遮掩不住的灵气。我们几乎可以把能够想象到的描述聪明孩子的一切词语放到王小谟身上，他悟性很高，几乎一点就透；他非常机灵，满脑子都是古怪的“鬼点子”；他好奇心强，有什么新鲜玩意儿他都想搞清楚其中的道理……因此，即使因为战乱跟着家人多地辗转，使得学业时断时续，但王小谟的成绩依然很好，跳过六年级，直接升入初中。1950 年，11 岁的王小谟成为一名中学生，就读于北京 34 中。

王小谟升入中学时，正处于新中国对北京市私立中学进行指导整顿、逐步接办的时期。随着接办改造工作的推进，党的领导和政治工作在学校中持续加强，教育为政治服务、为生产服务的方针在各类学校中得到贯彻，在如“五爱”（爱祖国、爱人民、爱劳动、爱科学、爱护公共财物）教育这样的新中国成立初期的思想教育运动的陶冶熏染下，整个学校的面貌为之一新，甚至这一代人的精神面貌都为之一新。

王小谟晚年依旧对当时的一个片段记忆犹新。当时课堂上有一名学生调皮不听讲，老师批评他：“你究竟为了什么学习？”这个孩子不假思索地回答：“为自己考上一个好大学。”然而，这样的回答却招来全班同学的哄堂大笑。老师转过头问班里的其他同学，“他这样的想法对吗？”同学们异口同声地回答道，“不对！”当老师问，“那我们为了什么学习呢？”同学们都齐声答道，“为祖国学习！”

“为祖国学习！”新中国成立之初，历经抗日战争、解放战争，全国是一个千疮百孔的烂摊子，生产萎缩、市场混乱、交通梗阻、民生困苦、失业众多，对外还面临以美国为首的西方国家的围堵。面对如此严峻的形势，保卫国家独立、实现国家发展几乎成为全社会的共识，而通过对学校的接办和改造，通过以“五爱”教育为代表的系列思想教育运动，“为祖国学习！”成为全体新中国少年的共同志愿，这样的想法也贯穿了王小谟奋斗的一生。

1953 年，初中毕业后的王小谟考入北京 37 中（现二龙路中学），开始了自己的高中生活。15 岁上高中的王小谟几乎是班里年纪最小的一个，他活跃好动，有点“不安分”。高二时，他太过调皮，期末时，老师给他操行

“丙等”的评价。这深深刺痛了好强上进的王小谟，成为他“精神上，思想上最大的一个负担”。他在周记中写下了一篇深刻的检讨，检查自己操行得“丙等”评价的原因。他自己认为，主要是有三个方面的原因：一是自己不能够很好地遵守学校的纪律，行为“散漫”，不服从“集体”，比如，“学校要求不许和同学打闹，但自己那时不管这些，还是继续打闹，弄得教室里乌烟瘴气、尘土飞扬，甚至影响了同学们的健康。”此外，“在生活上，自己也是非常散漫的，不遵守学校的各项制度及作息时间，在上学期间经常迟到，甚至从高一起几乎每学期都有一两堂旷课。在家里不能按时睡觉和起床，并且有空闲的时间也不帮助家里干活。”二是自己“做事任性，并带有孩子气”，认为自己还小，对于自己的一些出格举动，擅长“自我原谅”。三是自己“政治思想觉悟不高，不关心时事”，“不但政治课学习得不好，并且政治思想水平很低。到校二年来，对团组织、对□[1]同学经常采取对立态度。尤其认为积极的同学是假积极、是犯臭。”

王小谟肯定不是一个恪守规则、安静听话的“乖孩子”，但他绝不是、也绝不愿被当成一个品行恶劣，只能被评为“丙等”的“坏孩子”。他有强烈的个性，想要做他自己，但他又有极强的自尊心、上进心，想要得到周围人的认可，青春期的王小谟无疑是矛盾的，他需要在自己天性活泼的个性与各种制度、规则、纪律之间找到那个平衡点。因此，在他高中的岁月中，他常常自我检讨，但往往又因天性使然做出一些让自己“后悔”的举动，如上课，他喜欢闲聊，喜欢跟同学开玩笑，自己学会了，他就同周围的同学玩儿起来；学习时常陷入“松懈”状态，有时连老师留的很少的作业都没有按时完成……但他又是绝对追求上进的，所以才会陷入莫大的矛盾与纠结之中，他自我否定、自我批评起来毫不留情，上纲上线地认为自己的一些错误是“卑鄙”，长期我行我素下去，“简直不配作为一个青年学生”，种种反思与自责，颇似青年曾国藩的“自省”情结。高中的王小谟就是在这种“昨日之

1 为王小谟院士手写内容，无法辨识，以“□”代替。

我”与“今日之我”战的纠结中迷惘、思索、再前进。经过一个学期的“痛改前非”，王小谟在高三上学期的操行终于得到了5分，被评为“优秀”。

这个时期的王小谟已经显示出他对理科的天然偏好。高中课程中，最令王小谟头痛的是政治和历史，其中又以历史最差，而他最为得意的是俄文、数学和物理。在高三时，他被选为学校代表参加北京市第一届数学竞赛。然而，由于准备不足，王小谟这次铩羽而归，考试的12道题目，他自己估计“最多做对了两道半题”。

好强也是王小谟最鲜明的特征之一，他痛定思痛，分析此次之所以失利，从主观上说是因为“自己的数学程度太差”，而且“马虎”，把一道题目看错了。从客观上说，是相较于在比赛中表现优异的其他学校，自己的学校对比赛还不够重视，有的学校在赛前进行了积极准备，对参赛学生进行了专项有针对性的训练，而自己作为参赛选手却在考试的前三四天才得知消息，来不及充分准备，因此，不仅他个人在这次竞赛中没有取得好成绩，整个37中参赛队伍都是“颗粒无收”，可以说是“惨极了”。他虽然马上就要毕业，显然再无缘高中的数学竞赛，但他依旧向学校建议，对数学竞赛要重视起来，瞄准下届数学竞赛认真筹备，在平时就把学校的数学小组搞好，做足充分的准备。他曾热烈地希望过，当自己“在××大学学习时，会听到37中×××同学获得北京市数学竞赛的第一名！”

高中三年很快过去了，18岁的王小谟站在了自己的人生十字路口上，必须要在自己的两大爱好之间做出一个选择。自从1949年随父亲搬进西城的大杂院之后，京剧逐渐走进了王小谟的生活。当时，王小谟的生活发生了天翻地覆的变化。在1952年父亲被安排到铁道部工作之前，王小谟家的生活是很艰难的。曾经身为国民党少将军官的父亲不仅失业了，而且几乎是一无所有，困窘之中，生计所迫，王宏谟去牧场劳动过，到远在内蒙古的私营化工厂当过厂长，在酱油厂干过技师，甚至一度当过建筑工人，而作为家中第二个男人的王小谟，也跟着父亲去工地上铲过泥巴。夏天炎热的北京胡同里，留下过少年王小谟走街串巷卖冰棍补贴家用的身影，可以说，在王小谟少年时光的很长一段日子里，他最大的快乐就是吃上一顿饱饭。

然而大杂院中充满着浓浓的人情味，闲暇时，街坊邻里围聚在一起，你操琴，他掌锣，敲响司鼓，一起来上一段《拾玉镯》，再唱上几句《宇宙锋》，院里飘荡着这家的饭香，那家的喧闹……在清贫的日子里这些都给王小谟留下温暖如春的记忆。家计可能困顿，但精神却是充实振奋的，总觉得希望不坠，前途光明。天性的开发、艺术的启蒙，讲究的是自然而然、潜移默化。就在这样的环境中，王小谟对京剧艺术产生了莫大的兴趣，在街坊邻里一个个民间“大师”的影响下，他甚至成了一个小小的“旦角儿”，唱起《拾玉镯》里的孙玉娇，他就青春可爱、伶俐俏美；扮上《宇宙锋》里的赵艳容，他就婀娜刚毅、爱憎分明。他被选为全校的文体积极分子代表参加了北京市 37 中第一届文体积极分子大会，他与京剧组的同学共同排演的一出《三不愿意》，在北京人民剧场上演，堪称是当天“最精彩的节目之一”，王小谟同全体演员连续谢幕两次，观众的掌声经久不息。最终，这个节目在北京市大中学生文艺汇演中获得一等奖，这一出《三不愿意》也造就了后来出任北方昆曲剧院副院长的名丑角儿韩建成，造就了中央歌舞剧院歌唱家、国家一级演员柳石明，一伙中学孩子出于兴趣聚在一起排演的京剧，唱出了一个群星璀璨。因此，高三毕业时，他想报考北方昆曲院，一方面可以减轻家里的经济负担，另一方面也为成全自己的爱好。

此时王小谟的另一大爱好就是无线电。当时，拥有一台自己的收音机对于家中经济左支右绌、捉襟见肘的王小谟来说是极其奢侈的，没钱买，王小谟就自己动手做。从上初中开始，王小谟就开始鼓捣起“初级收音机”来，组装收音机的花费全部来自他每天早上饿着肚子省下来的 5 分钱的早点钱，北京宣武门内的旧货市场，成为王小谟组装收音机的主要材料来源，他今天攒钱买一个矿石，明天攒钱再买上一副耳机……材料来自七拼八凑，但凭着一股要拥有自己的收音机的热情，还有靠着自己的聪明灵性最终还是鼓捣成功了。第一次听到自己组装的收音机里播放的声音时，王小谟心里有说不出的兴奋和快乐。也正是在这个动手探索的过程中，他迷上了无线电。快到高三毕业时，他已能组装出与市场售品匹敌的收音机了。此外，动手装一个三灯机、五灯超外差式收音机对这个小伙子来说也都不在话下，有想省钱的邻居，就请他去给自家装收音机，收音机坏了，也让他去修。靠着自己的这门“手艺”他在周围人中做起了一门小小的“生意”，邻居们或多或少给这个个子不高的小师傅一点零花钱，或者把剩余的零件送给他，就这样王小谟从自己的这个爱好中收获到莫大的快乐和成就感。

高三毕业时，究竟是从艺还是继续读大学，研究自己同样深爱的无线电，王小谟拿不定主意。当时，姐姐王晓芸已经中专毕业，被分配到铁路局工作，王晓芸以自己过来人的经验劝弟弟，“我中专毕业分到铁路局，写个报告都觉得挺吃力，你一定要上大学。”终了，父母也不赞成王小谟到北方昆曲院学京剧，就此，王小谟下定决心，做好做精自己的另一大爱好——无线电。

1956 年高考前，王小谟在自己的周记中笃定地写下“我的理想是从事无线电事业。”年仅 18 岁的王小谟写道，“无线电事业在现在是非常重要的东西，也就是说，无线电的发展程度对科学的发展是有极重要的意义的。”我们很难说，当时写下这段话的王小谟就对科学、科学发展的重大意义有多么深刻清醒的认识，然而，这种懵懂不明的思索、这种对于某些重大命题隐隐绰绰的朦胧感觉，对于青少年来讲，犹如一种“慧根”，有这种“慧根”的种子，随着年龄的增长、知识的增加、阅历的丰富，就很有可能结出丰硕的、令人难于预想的果实。

1956 年，王小谟考入北京工业学院（今北京理工大学）无线电工程系。就在高中毕业前夕，王小谟成为一名共青团员，他怀着激动的心情向组织报告，“要在今后的努力中争取大的成绩”“为社会主义的崇高事业更多地贡献力量！”

图为北京 37 中 1956 级毕业留影，第三排右起第六为王小谟

无问西东

独立思考能力是科学研究和创造发明的一项必备才能。在历史上任何一个较重要的科学上的创造和发明，都是和创造发明者的独立地深入地看问题的方法分不开的。

——华罗庚

无问西东，只问自由，只问盛放，只问深情，只问初心，只问敢勇，无问西东。

——《无问西东》（2018，中国）

1956 年，高中毕业的王小谟成为北京工业学院（今北京理工大学）的学生。到学校报到前，他对这个学校的了解并不多。高考前，王小谟先后到清华大学、北京大学等学校参观过，但北京工业学院由于其自身的国防属性，相对“比较封闭”，王小谟没能在入学前对这个学校有更加深入的了解，只是大概知道，除清华大学外，北京工业学院开设了他所热爱的无线电专业，而报考清华又没有实在的把握，于是，王小谟就选择报考了北京工业学院无线电系。因为天然的兴趣和爱好，他从此一头就扎进了无线电、雷达的世界里，最终成长为我国国防科技领域的一名杰出战士。

北京工业学院的前身是延安自然科学院，于1939年5月创建于延安，是我们党创建的第一所理工科综合性大学。1945年抗日战争胜利以后，根据党中央的战略部署，延安自然科学院转迁到张家口。解放战争期间，先后改名为晋察冀边区工业专门学校、工业交通学院、晋察冀边区工业学校等，辗转办学于华北平原。1948年9月，在河北井陉与1946年在晋冀鲁豫解放区成立的北方大学工学院合并，改名为华北大学工学院。1949年8月迁至北京。1950年9月中法大学校部及数、理、化三系并入。后又经扩大和调整，经中央人民政府教育部、重工业部报请李富春同志审定，于1952年1月1日起，改名为北京工业学院。

新中国成立初期，内乱还没有完全消弭，蒋介石政权在海峡对岸虎视眈眈，叫嚣“反攻大陆”，美国人把军队开到鸭绿江边后，中国共产党组建了中国人民志愿军抗美援朝，保家卫国。新生的中华人民共和国既需要经济恢复，也需要铁与血的捍卫。1952年前后，毛泽东主席发出了“我们一定要建立强大的海军”“建立强大的人民炮兵”“建立强大的人民空军”的号召。根据毛泽东主席的号召和中央兵工委员会关于兵工提早建设的部署，中央人民政府重工业部于1952年春确定北京工业学院为国防工业学院，并要“使之成为我国国防工业建设中新的高级技术骨干之主要来源。”在国家的大力扶持下，北京工业学院进入大建设、大发展的阶段，到1956年王小谟入学时，北京工业学院已经迅速成长为一个拥有6个系、14个兵工专业的新型高等国防工业院校。如今，这个由我党创办，从革命圣地延安走出来的国防工业院校，培养出一批又一批红色工程师，被誉为“国防七子”之一。

图为王小谟在北京理工大学（图右）

对 18 岁的王小谟来说，大学里的一切都是新鲜的。

那个曾经热衷于自己组装收音机的少年，现在终于成为一名无线电专业的大学生，所爱能够变成所学，最终变成所干，所谓“知之者不如好之者，好之者不如乐之者”，这让他感到兴奋且充实。在五年的大学生活中，前两年在车道沟校区上基础课，大学三年级以后，到中关村校区上专业课，大学最后一年要到工厂实习，并完成自己的毕业设计。

20 世纪 50 年代，北京工业学院的基础课、专业课大多采用苏联专家带来或推荐的教材或讲义，部分专业基础课由苏联专家提供教学大纲和教学参考书，教师据此编写教材或讲义。这一时期，教育的思想和方法也深受苏联影响，教学计划中的学时数曾一度达到 4900 学时，虽然经过专门的减负，到 1955 年，总学时数也有 4000 学时左右。因此，当时北京工业学院的学业负担相对较重，学习非常紧张，学校会统一安排学生上晚自习，学生大多过着遵守纪律的严肃生活。然而这种无所不在的约束显然与王小谟的个性相拗，他充满活力与热情，总想爱他所爱、干他所想，而不是照着计划和安排，循规蹈矩、乖乖地去做事情，因此，大学晚自习的教室显然是关不住王小谟的。

大学五年，用王小谟自己的话说，就从没好好上过晚自习。大二的时候，因为相位的概念没有讲清楚，物理口试只得了 2 分，当时，学校普遍采用 5 分制的评分记分方法，物理口试得 2 分就是被老师判定为“不及格”。总体来看，王小谟的成绩在班上只能算是中等。不感兴趣的课，他就照着不喜欢的方式去学，有那么一点“马虎”应付过关的意思，因为不喜欢，怎么也爱不起来。若平均用力地去学每一门课，然后努力地去做一个让旁人羡慕的“优等生”那不是王小谟所愿意的。感兴趣的课，他就铆足了劲照着喜欢的方式去学，一定要弄清楚其中的道理，刨根问底、一探究竟、不达目的不罢休，像《无线电原理》等一些专业课，王小谟的成绩在系里都是名列前茅。“喜欢”与“不喜欢”泾渭分明，成绩两相抵消，王小谟只能算是成绩“中等”的学生了。

王小谟从来都是热衷于做自己喜欢的事情，他把自己的聪明、热情、精力投入到一切他真心喜爱的事情上去。在校期间，他是学校文体活动的活跃分子，不仅参加时髦新鲜的摩托队，还是学校京剧团当之无愧的骨干，没多久，他就成为学校京剧团的团长。每学期他都要组织京剧团排演一场大戏，在学校礼堂公开演出。他演过梅派经典剧《凤还巢》中的二小姐，也排演过张派代表作《望江亭》中的丑角杨衙内，凭着一帮“玩儿票”年轻人的热爱，剧团搞得有声有色，剧目的表演也相当有水平，每次演出礼堂里都会座无虚席。

传统的中国戏曲从来都是讲究德育教化的，从描画脸谱开始就要教人辨明妍媸善恶，讲的故事更是要告诉后人什么是忠孝廉义，什么是大仁大德。

总之，京剧有艺术上的美，其也蕴含着道德上的美。我们很难绝对肯定地说，王小谟是如何在京剧中深受其教，但对于差一点就要投身梨园的王小谟来说，要想演好一出戏，如果不认真揣摩戏中角色的悲欢，不反复咂摸戏中唱词的玄妙，恐怕是难以实现的。凡是要演好戏中的人物，都是需要善于琢磨人、善懂人的。在每一场戏的勾脸扮相中，在西皮二黄的声腔曲调中，王小谟所能感受到的恐怕远不止于其仅仅是从个人爱好中得到满足的愉悦。

当了京剧团团长就是一个小团体的带头人、主心骨，技艺上要让众人信服。王小谟热爱旦角儿，但一旦缺人，丑角儿他也能演，伴奏乐队里有人请假，拉胡琴、吹唢呐、打锣、打鼓，王小谟都能上，因为平时留心学习练功，需要应变救场的时候，王小谟总能顶得上去。组织协调能力就是要让团员信任，从选演员到分配主配角都要让大家心服口服，能够齐心排戏。大戏开锣，公开演出，灯光、布景、服装、道具、演员都要配合默契，稳妥无失，这个过程环环相扣，哪一个环节都不能“掉链子”。“玩物”对于愚庸的人来说是要丧志的，而对于有“慧根”的人来说，却是处处皆学问。王小谟后来回忆起这段日子笑言，“组织一台戏，就是搞一个工程，把戏排好、组织好，组织能力也就锻炼出来了。”

图为 1959 年，《望江亭》演出结束合影留念

毕业生

人生不是电影，没有剧本可循，每个人都要摸索出属于自己的人生方向。

——《毕业生》（1967，美国）

1956年很不平静。1953年斯大林去世引起的一系列连锁反应的累积，在这一年形成总爆发。国内外一系列重大事件的发生，党内外出现的新情况、新问题，都用事实强有力地说明全面学习苏联，“以苏为鉴”行不通，那么，中国人自己的社会主义应该怎么建设，必须“好好总结一下社会主义究竟如何搞法。[1]”用毛主席的话讲，“苏共二十大有个好处，就是揭开盖子，解放思想，使人们不再认为苏联所做的一切都是绝对真理，不可改变，一定要照办。我们要开动脑筋，解决本国革命和建设的实际问题。[2]”

时代的变革中不可避免地影响着刚刚成为大学生的王小谟的生活。

当经历了百余年耻辱、分裂、战乱的中国终于重生的时候，政权巩固、社会改造、国家重建成为极端重要的命题，威胁到这些问题解决的任何一丝风吹草动都可能发酵或者被发酵为席卷一切的“狂风骤雨”，生活于那个时代的每一个中国人都身处其中，概莫能外。

北京工业学院的“反右”斗争是与其本身的“洪峰”问题相互缠绕的。所谓的“洪峰”问题指的是1956年全国高校招生人数比1955年骤增75%，出现了与国民经济发展不协调的现状，因而1957年对招生计划进行了调整，比1956年减少57%。与此同时教育部根据国家计划要对1956年的“洪峰”

1 中共中央文献研究室．毛泽东年谱第三卷[M]．北京：中央文献出版社，2013: 23.

2 中共中央文献研究室．毛泽东年谱第三卷[M]．北京：中央文献出版社，2013: 23.

进行调整和处理[1]。为消化大“洪峰”，北京工业学院组织了专项考试，对未通过考试的学生采取留级、转学，乃至退学的三种措施。这种做法在大一学生中引起了巨大反应，一定程度上造成了部分大一学生与学校关系的紧张与对立。在这个过程中，因为王小谟肯定自己一定能升级，“心里有了底”，因此他只想做个“旁观者”，对“洪峰”运动没有热情。

“反右”斗争开始后，王小谟对政治运动的热情不高。学校要求停课两周搞运动，王小谟带头反对，提出了种种理由来说明现在停课不必要，而且一度取得了成功。在1958年的整风思想总结中，王小谟对党交心，坦诚地说，他之所以反对是因为停课两周搞“反右”会影响自己的休息。对于斗争中针对自己同学、老师的斗争手段，王小谟是持保留意见的。他“对一些骂人太凶的大字报等有反感”“同情右派言论”，总之，“在反右初期，是有很大的抵触情绪的。”而对于那些在运动中表现积极的同学，王小谟也有自己的看法，认为“他们是假积极，没有自己的见解，人家说什么就是什么，‘应声虫’的论调在我的思想有共鸣。认为这些同学就是‘应声虫’、人家的工具。”

不得不说，这个不足20岁的青年人政治的敏感性并不强，他对政治运动并不感兴趣，还不能够完全理解其中的凶险。他是聪明多思的，所以对身边发生的许多事情他都有自己的思考和判断，绝不屑于成为“应声虫”。他坦诚质朴、实事求是，在一份整风思想总结中真诚地剖析自己在历次政治运动中的思想和表现，甚至严重到自我检讨，“1956年我入了团，目的是不纯的，一方面，在当时对于形势及党的方针是有一些认识的，另一方面是为了对考大学更有利。”说真话既需要勇气，也需要对组织真挚的信任和对周围人最善良的推想，能够坦诚到如此地步，王小谟无疑是可爱的。

这一时期除思想上的教育与改造外，意志与身体也要在劳动中接受磨

1　北京理工大学校史编委会．培养科技干部的摇篮——北京理工大学发展史[M]．北京：北京理工大学出版社，1990: 103.

炼。1958 年，“到十三陵工地去”，建设十三陵水库的热潮席卷了北京全市工、农、兵、学、商各界。十三陵地处北京昌平，是东西北三面丛山环抱的一处盆地，南面面向华北平原，由于天然地形的关系，十三陵地区每到雨季就要泛滥成灾，但是雨季一过，又极容易面临水资源短缺的问题。为彻底改变这种“既患水多，又患水少”的局面，并有效利用水能发电，1958 年 1 月，十三陵水库正式动工修建。5 月，中共八届五中全会召开期间，毛泽东曾率领周恩来、刘少奇、朱德及全体中央委员到十三陵水库工地劳动，并提笔写下“十三陵水库”五个大字，此后，到十三陵水库工地参加义务劳动更成为一种莫大的荣誉。

图为王小谟与北京理工大学

当时，正处在“大跃进”运动前后，“要在十五年左右的时间内，在钢铁和其他重要工业产品产量方面赶上和超过英国；在这以后，还要进一步发展生产力，准备再用二十年到三十年的时间在经济上赶上并且超过美国，以便逐步地由社会主义社会过渡到共产主义社会”是人们心中勾勒出的宏伟目标。因此，水库建设工地现场是火热的，四处洋溢的是团结一心、人定胜天的豪情。北京工业学院也组织起一支整修水库大军，这支队伍按班级编排，进行军事化管理，学生们在工地上扛铁锨、铲草皮、挑土平地，在机械化水平整体较低的条件下，十三陵水库的修建基本上靠的是人力的肩扛手挑，包含北京工业学院的学生队伍在内，共有近四十万义务劳动大军参加到十三陵水库的修建中，通过五个月的努力，实现了在汛期前建成水库的目标。义务劳动期间，王小谟觉得自己好像有使不完的力气，白天劳动，晚上他还组织起了一个文工团，排演节目，搞慰问演出。这段日子留给王小谟的是什么？

是挥汗如雨，是众志移山，更是无处不在的建设国家的热情。

其实，自 1952 年魏思文到北京工业学院主持工作，开展组织建设开始，这位老共产党员就非常重视培养学生的劳动习惯，要求以教学为主，适当安排学生参加劳动生产，让学生在实践中“向工农群众学习，同工农群众密切结合克服轻视体力劳动和体力劳动者的观点，同时，通过生产劳动，更好地贯彻理论联系实际的原则。[1]”升入大学高年级后，王小谟被安排到北京无线电联合厂（718 厂）实习三个月，这三个月王小谟跟着他的工人师傅，学会了车、钳、铣、刨，他的主要工作是冲电器上的焊片，就是把一块很小的焊片打一个弯，放到模器里，再按一下，简单重复这个动作，一天至少要干 8 小时，每天要冲满 6000 个。一天下来，王小谟累得筋疲力尽。对生活和人

图为大学期间集体游颐和园留影

1　谈天民．从延安走来——北京理工大学的办学道路 [M]．北京：北京理工大学出版社，2004: 101.

最为真实丰富的感受，恐怕不是来自五谷不分的玄妙清谈，也不是来自困坐象牙塔中的闭门造车，而是来自劳动的大汗淋漓，来自于与一线劳动者一起劳作，其所给予人的最深刻教育，是任何一本教科书都无法教授的。

大学时期的王小谟是一个可爱的热血青年，他既专攻自己热爱的无线电专业，也割舍不下对京剧的爱好，依旧是学我所爱，干我所想，并不在意别人眼中的“优秀”“突出”，毕竟，生命只有一次，要为自己所想所愿热烈地燃烧。

我们谁也不能从一个人生活的时代、社会中割裂出来，来观察他的思想与行动。要神游冥想，与其“处于同一境界”，对于其“不得不如是之苦心孤诣，表一种同情”，要做到这样的地步，难则难矣，但却是每一个试图梳理、讲述别人故事的人所必须有的谨慎用心。从 1956 年王小谟入学起，经过近 4 年的快速建设，北京工业学院面貌全新，实现了从小到大的快速发展。另外，中央对全国知识分子发出了“现代科学大进军”的口号，全国进入了发展科学技术，特别是国防科技的新高潮。但这一时期也是我国社会主义建设在探索中曲折发展的时期，“大鸣放”、全党整风、反右派斗争、“大

图为 1960 年勤奋与钻研的王小谟（左一）

跃进”“反右倾”斗争相继展开，在这样的时代环境、社会环境、学校环境中，既要学好专业，成长成熟，还要找准自己的前进方向，对王小谟来说也是一种考验。

王小谟的可贵之处就在于，他努力地坚持做自己，困惑有，迷惘有，不理解也有，但他依旧努力地想要活成一个能够独立思考、具有鲜明自我特征的蓬勃青年，他边犯错、边思考、边修正，不断摸索着以自己的方式与这个世界相处的办法。大学晚自习的教室关不住他，在科研上，类于“之前就是这样做的”的说法、做法更是束缚不了他，搞科学研究就要思考如何用自己的新办法来更好地解决问题。王小谟大学毕业设计参加了大列阵天线倒放的课题研究，专门研究长八木天线，并且创造性地提出了利用相速来设计长八木天线的方法和隔板测量相速的方法，证明了利用相速的概念来解释长八木天线的方向图是有效的方法之一。这项毕业设计被系里重点推荐，并最终通

图为 1961 年，大学毕业留念，第二排右起第五为王小谟

过答辩，获得当年北京工业学院毕业设计一等奖。这在很大程度上更加鼓舞了王小谟，搞科学研究的人，思想要大胆，干活要吃苦，要敢于在前人研究的基础上“出圈”，认准了就要克服困难一干到底。

1961 年，王小谟带着自己的研究成果从北京工业学院毕业，被分配到国防部第十研究院，穿上了军装，从此国防科技战线上多了一名战士。

第二篇

一名红色工程师

要相信我们国家自己的力量，正确地做好引进工作，认真分析我们的弱点和优点，我们并不是一无是处，落后面也是局部的。我们雷达界水平并不低，有自己的研究试制力量，只要解决一些薄弱环节，形成拳头，力量就是很大的，决不要看到外国人什么都好。

——王小谟．20 世纪 80 年代

第一章　金陵青春梦

追梦赤子心

荒谬是暂时的，真理的阳光终有一天会普照大地。

——谈家桢

梦想让我们忍受生活！

——《追梦赤子心》（1993，美国）

新中国的国防科技工业建设发展的进程，就是诠释自力更生、艰苦奋斗精神的过程。

解放初期，我国科学研究事业的基础极其薄弱。根据曾任国务院副总理、中央军委副主席，并出任国家科委主任、国防科委主任的聂荣臻元帅回忆，新中国成立初期，全国科学研究机构包括社会科学研究机构在内，大约有40个，研究人员只有650余人。这意味着，按照当时官方统计的4.5亿人口推算，每1125万人口中只有一个科研机构，每70万人口中只有一名科研人员。而且，本就弱小的科研力量还主要集中在农业、地质、生物、社会科学等方面，核技术、电子通信、计算机等现代科学技术领域几乎是空白的[1]。用毛主席的话来形容当时中国的科学技术状况，那就是“我们是一张白纸。”

1　聂荣臻．在科学技术战线上［M］//《回顾与展望》编辑委员会．回顾与展望：新中国的国防科技工业．北京：国防工业出版社，1989: 50.

在抗美援朝战争中，由于技术比较落后，中国人民志愿军官兵昼伏夜出，艰苦作战，很多时候盲打盲战，虽然最终迫使美国人在朝鲜停战协定上签了字，但在战场上钢铁与技术的较量中，新生的共和国付出了巨大代价。落后就要挨打！再次被证实是血淋淋的真理。

1956 年，聂荣臻元帅主管国防工业和部队装备后，按照中央和国家要求，主持制定了《1956—1967 年科学远景规划纲要（草案）》，也就是通常所说的十二年科学规划，这份规划把无线电电子学、半导体技术和计算机技术纳入了国家重点科学技术发展项目，并确定了按项目带学科的基本原则[1]，一批重点军工科研项目相继上马。在这份规划指引下，到 1960 年，大量的科研项目已经展开了富有成效的开拓性工作，许多项目提前实现了目标，例如，某些单位的高炉、平炉的平均利用系数达到了当时世界的较好水平；初步掌握了稀土的冶炼提纯技术；科研人员研究制造出了万次通用电子计算机，攻克了半导体材料锗和硅的制备技术关，等等。虽然距离当时的国际先进水平还有相当大的距离，但初步实现了规划设定的具体目标[2]。

1960 年，中央军委明确了“两弹为主、导弹第一，努力发展电子技术”的指导方针，电子工业的领导机构大力推进电子研究所建设，先后组建了航天、船舶、兵器、电子等研究院，其中的国防部第十研究院是电子研究院，王小谟大学毕业后去报到的第 14 研究所（以下简称 14 所），就是隶属于国防部第十研究院的众多研究所之一。

14 所的基础是新中国后接管的前国民政府的“特种电讯器材修理所”，当时只有一些第二次世界大战期间美军、日军遗留下来的雷达器材，研究人员只能把别人用废了的、用剩下的雷达修修补补，其雷达研究的底子极薄，

1　聂荣臻．在科学技术战线上［M］//《回顾与展望》编辑委员会．回顾与展望：新中国的国防科技工业．北京：国防工业出版社，1989: 52.

2　聂荣臻．在科学技术战线上［M］//《回顾与展望》编辑委员会．回顾与展望：新中国的国防科技工业．北京：国防工业出版社，1989: 54.

图为中国雷达工业的发源地——今中国电科集团 14 所小红楼

根本不具备自行设计、制造雷达的能力。随着第十研究院的组建，中国人依靠自己的力量，发展雷达装备迈向了一个新的阶段。

虽然与自己最初的分配愿望有出入，但已经穿上了军装就必须以服从为天职，王小谟收拾行装南下，来到这个新组建的研究所，他乘着新中国国防科技工业发展的热潮，迈向了一个广阔的舞台，迈进了一片可以大有作为的天地。

时任第十研究院副院长、14 所所长的是靠着在战场上摸爬滚打、对无线电“自学成才”的申仲义。申仲义 1937 年参加革命，1939 年加入中国共产党，抗日战争和解放战争期间担任中共中央军委三局无线电材料厂实验室主任和西北军区通讯处技术主任。新中国成立后，申仲义作为军代表接管南京的特种电讯器材修理所，即后来的第十研究院第 14 研究所。当时，这是一个只能从事雷达装配修理的“土作坊”，甚至全所都找不出一张雷达图纸，据时任 14 所副总工程师的王福如回忆，当时 14 所的技术水平就是“基本没有水平”。

为了仿制出苏式的防空警戒雷达，全所的技术骨干只能在不断试错中找方向，光一个雷达天线的电路原理草图就画了不计其数，堆在一起有半人高。当得知苏联在我国东北有一台防空警戒雷达后，所长申仲义亲自去现场观摩学习；由于苏方保密，申仲义只能在重重的铁丝网后面，用望远镜远远地看上这部雷达一眼，但他一眼就发现，苏式雷达的天线是上下四排的八木天线。申仲义迅速返回所里，结合从苏式防空警戒雷达天线设计里得到的启发，同科研人员经过一年多的艰苦奋战，屡败屡战，终于仿制成功了第一部国产中程防空米波警戒雷达，这款雷达马上投入生产，先后生产数百部，布设于全国各地，新中国终于有了自己的防空网。

这位从战场上摔打出来的军人，虽然没有经过专业学习，但他实事求是，尊重知识和科研规律，在他的主持下，相较于周边政治激情极端高亢的大环境，14 所的科研风气相对较好。“大跃进”以后，科研单位也存在浮夸风和瞎指挥的现象，在极端迫切的赶超心态下，曾有南京市委领导到 14 所视察时要求 14 所的产品要在 5 年内超英。另外，在反右派、反右倾的政治运动中，许多知识分子、科研人员被划为“白专”，受到冲击，挫伤了他们的工作积极性。为纠正错误，1961 年 7 月中央颁布了《关于自然科学研究机构当前工作的十四条意见（草案）》，即“科学十四条”，这十四条意见最核心的是明确了科研机构的根本任务，知识分子红的标准和红与专的关系，以及党如何领导科研机构这三大关键问题，要求科研机构要发扬敢想、敢说、敢干的精神，坚持工作的严肃性、严格性和严密性，即所谓的“三敢三严”精神。这十四条意见指导了如何在科学研究领域纠正“大跃进”中的浮夸冒进错误，明确了“拥护党的领导，拥护社会主义，用自己的专门知识为社会主义服务”就是知识分子初步“红”的标准，并强调“只专不红不对，只红不专也不对，红与专必须统一”，帮助知识分子、科研人员放下思想包袱，把精力更多地放在科研工作的本职上，让科研工作更好地回归到“出成果、出人才，为社会主义服务”上来。

申仲义领导下的 14 所迅速成为贯彻落实“科学十四条”的示范，到

1963 年 10 月，国防科委曾专门向聂荣臻元帅报告“第十研究院南京 14 所执行‘科学十四条’比较好。”聂帅在这份报告上批示，“这个所坚定认真地执行政策，工作比较深入细致。抓整治思想，在贯彻科学工作政策和业务建设方面有不少值得推广的地方。[1]”为了推广 14 所在落实“科学十四条”方面好的经验做法，1964 年 4 月，国防科委在 14 所召开现场会议，时任军委副主席的张爱萍主持会议，全国科研单位代表 630 余人参加了会议，有参会代表甚至在发言中表示，“要像‘工业学大庆’‘农业学大寨’一样，科学研究界要学 14 所。”

图为 1960 年意气风发的王小谟

1　聂荣臻．在科学技术战线上［M］//《回顾与展望》编辑委员会．回顾与展望：新中国的国防科技工业．北京：国防工业出版社，1989: 71.

1961年12月，当王小谟完成在石家庄高级步校集训，来到南京第十研究院14所时，14所经过近10年的发展已经稍有基础。由于有申仲义这样头脑清醒、实事求是的领导，“科学十四条”在14所得到迅速有力的贯彻实施，“三敢三严”的作风正在塑造着14所科研人员的精神面貌。因此，当来到14所时，王小谟深刻感受到“14所的学习氛围很浓，钻研精神更浓”，而且在国家的大力支持下，地处金陵胜地的14所“工作条件也很优越”，王小谟觉得，自己“跨进了朝气蓬勃的科研队伍，真是对未来充满了信心和希望。”

在一个人成功的过程中，机遇、机缘起到的重要作用无须讳言。我们不由得羡慕起刚刚参加工作的王小谟的幸运，他“专业对口”，干的是自己喜欢的事情。他从事的是一个“热门”专业，大有可为，给予这个年轻人的未来更多可能性。他遇上了好的工作环境，遇上了一个好领导，他可以不把时间和精力浪费在人事关系及其他任何没有意义的事情上面，他可以安下心来工作，静下心来学习，还能够时不时去放松一下，比如，约上几个好友，去喝酒大撮一顿，又比如，工作之余，与梅派名家沈小梅切磋技艺，自娱自乐……所以说，乘势而上，这个“势”非常重要，它不由人造，不随人的主观愿望改变，它就在那里，能迎头赶上的人无疑是人生的“幸运儿”。如果说“乘势”是一种客观存在的话，那么到底能不能“上”就完全取决于个人的主观努力了。有人说，站在风口上猪也能起飞，这确实说明了大环境、大平台对一个人成功的重要作用。但是，起飞只是起点，要想逆风飞得稳、飞得高、飞得远，还得是本领过硬的雄鹰，毕竟，时势随时转移，顺风终将过去，“猪”虽然能够因为站在风口上暂时起飞，但终究会因为没有飞翔的本领跌落下来。而王小谟就是真有飞翔本领的雄鹰。

初到14所时，王小谟被分配到总体室，当时的14所副总工程师、总体室的直接领导王福如立下规矩，所有新分配来的大学生，都要先去整架场锻炼一段时间，亲手摸摸雷达、修修雷达。所以王小谟也被安排到整架场负责雷达的调试与维护，他有种抑制不住的好奇与兴奋，据旁人观察，这个年轻小伙子军装的大口袋里常常装满了各种电子元器件，修理雷达时少了什么元器件，他总会习惯性地摸摸他的口袋，就像要从他的随身锦囊里摸出个“宝贝”来。

由于自身聪明，加上平时注重学习观察，反复琢磨，他的工作能力提高很快。领导对他的评价是“王小谟在修理机器的过程中大胆地找毛病，肯动脑子想办法。”在修理 407 雷达显示器时，发现扫描线工作不正常，经过排查也没能够找出原因。初来乍到的王小谟提出，可能是铜环和电刷接触不好，按照王小谟的意见，顺利解决了扫描线工作不正常的问题。在一次修理富特 –H 触发器的电源时，由于要更换变压器，需要等加工车间生产好才能

图为 1962 年，北京工业学院同学在南京玄武湖聚会，右起第一为王小谟

更换，要耗费较长时间，王小谟便带着其他人找来旧的变压器，加以调整维修后换了上去，触发器电源终于又能够正常工作了，极大地节约了维修时间。王福如对这个小伙子的动手能力之强印象深刻，他身上的聪明灵动、胆大心细，敢于表达意见，敢于动手去做的特点，满溢着的是对雷达的热爱与钻研的执着。

到 1962 年 12 月，王小谟已经能够独立完成整架雷达机及一般分机的设计与调试了，而此时距他来到南京 14 所，也不过是将满一年的时间。在整架场期间，他先后参加了 402、407，以及 ФТ–Н 雷达的整架工作。研究设计雷达从修雷达开始，由下而上，由细微到宏大，王小谟就是这么一步步走过来的。

因为在整架场的灵动表现，王小谟很快地走到了同批入所的年轻人的前列。在整架场的锻炼结束后，王小谟被安排到总体室 408 总体组中，参加 408 模拟雷达的研制。当时的所长申仲义认为研究所必须从近处着手，远处着眼，应贯彻“吃一个”“看一个”“想一个”的发展思路。所谓“吃一个”，是指目前正在设计、即将投入加工生产的新品种；所谓“看一个”，是指两三年后可设计生产的新一代高性能的产品；所谓“想一个”，是指用五年或七八年要付诸实现的、难度大的、具有或接近国际水平而当时从理论和技术上尚没有掌握的，必须预先研究一步步向上攀登的产品。参加 408 模拟雷达研制，承担雷达体制科研，干的就是申仲义所长“想一个”的工作，这对于刚刚走出大学校门不久的王小谟而言，几乎超出了他的能力。但环顾所里，“高水平的人还不多”“自己不搞，谁来搞呢？”王小谟还是接受了这个任务，他深深明白，“任何的一点成绩，都必须经过不断的努力来取得。”

立下军令状就必须把山头攻下来。参加工作还不到一年的王小谟不知道要从哪里下手，他只觉得“摆在面前的是一大堆问题，要学的、要看的太多了。”冷静地想一想，他给自己确定了两条基本思路：一是问题虽多，但必须要一个一个地解决，要集中“优势兵力”。二是解决问题要深入、踏实，不要把房子盖在空中。在这种思路的指导下，他把自己的重点首先放在了解决科研工具问题上面，就是要学好数学和英语，其中，英语又是最为关键的，因为不懂英语就无法读懂高水平的学术文章，对于当时国际上相关领域内的动态、趋势惘然无知，研究也就根本无从谈起。在此之前，王小谟一点英语基础都没有。23 岁学英语，他是从一个一个单词开始背起的，而且要完全靠自学，因为根本没有人教。1962 年的整整一年里，他把自己的很大一部分精力都投入到“攻破”英语上，下班就看语法、背单词，上班就结合工作读原文文献。试着读第一篇英文文献的时候，他被打击得几乎想要放弃，因为他发现全篇自己几乎是一个字都不认识，每个单词都要查字典，速度非常慢。英语学习如此困难，王小谟想要放弃英语，转看俄文文献，他很快发现，同样两篇文章俄文版与英文版两相对照，虽然俄文版读起来更省力，但要与国际接轨，还需要读英文文献。因此，他又埋下头来，一个单词一个单词地“啃”，用他的话来讲，“反正，什么问题都是有困难的。”在这期间，他给自己制订了学习英语的计划，逼着自己用英文记笔记，功夫不负有心人，在不到一年的时间里，王小谟就从对英语“目不识丁”变成了可以借助字典，比较熟练地阅读英文文献了。

学好英语只是开展新雷达体制研究工作的开始，重要的是要在完成体制研究上见到成果。确定思路靠自己，制订计划靠自己，搜集资料靠自己，开展研究还得靠自己。王小谟边学英语，边搜集资料，边整理思路，经过一个多月的广泛学习，思考沉淀，他给自己订下了工作计划。但反复琢磨，他又觉得自己的计划不尽完美，越学习、越思考他就更加觉得“搞体制研究不能只钻入具体产品，必须要找出它们的内在联系和基本矛盾。”从中使王小谟深刻感到搞科研，既要从具体的任务干起，又要有系统的眼光，要能够从具体的工作中跳出来，从更高的维度来审视、总结、提炼自己的目标，并发现彼此之间的联系和规律。如他认为“在科研题目中，只要掌握信号的形式，许多都是由此（雷达体制不同）引起的，从它（雷达体制不同）又引发许多基本理论，现在我认为就是这样分类，并分清主次，一个一个搞，这样就明确多了。”

在 408 总体组期间，王小谟担纲计算设计了 408 模拟雷达的双路转动及双向显示器，通过实践证实“使用情况良好”。经过在 14 所的学习锤炼，王小谟下定了干一辈子雷达事业的决心。疾风可以识劲草，这个年轻小伙子在领导和同事眼中做事可靠又有办法，于是，一个更加艰巨的任务就落到了王小谟的肩上。

从 1962 年下半年开始，王小谟就参与到三坐标雷达的体制研究中。什么是三坐标雷达？简单来说，三坐标雷达问世前，早期的雷达系统大多只能检测目标的距离和方位，换句话说就是只能检测目标的二维坐标数据，即两坐标雷达。为了同时获取目标的三维坐标数据，通常需要两部雷达配合使用，一部雷达用来测量距离、方位，另一部雷达用来测量高度。到 20 世纪 60 年代，在国际上，随着雷达数字处理技术的迅速发展，开启了雷达信号处理的一场新的革命。

美国人自 1959 年正式启动研制 AN/TPS–23 系列雷达，1965 年，首部 AN/TPS–23 频扫三坐标雷达开始服役，它的主要功能是三坐标远程对空搜索和目标指示，能够为导弹和武器作战系统提供准确的目标数据信息。从表面上看，三坐标雷达只比两坐标雷达多了一个仰角或者高度数据，但其背后却是根本性的技术革新。两坐标雷达主要是以雷达方程为核心，主要着眼点是测量距离，而在三坐标雷达中，距离仅仅是一个因素，其要处理好的是威力（空域）—精度—时间（数据率）三者之间的矛盾，最终精确测算出目标的三维坐标数据。

20 世纪 60 年代初，整个国际上三坐标雷达技术也还不十分成熟，仅掌握在美、英等少数几个国家手中，苏联的三坐标雷达在一段时间内也还只是“只闻其声，未见其实”。可以说，三坐标雷达称得上当时绝对的“高精尖新”技术，而国内的三坐标雷达技术在当时的储备几乎是空白的。

20 世纪 50 年代，14 所也曾尝试在苏联专家的帮助下进行三坐标雷达的设计研制，然而，一方面，外力的帮助本就不十分可靠；另一方面，20 世纪 60 年代初，中苏交恶，苏联专家全部撤走，三坐标雷达的研究也只能暂时停了下来。1962 年，14 所抽调了当时所内的精英力量，组成 583 三坐标雷达（以下简称“583 雷达”）专业组，由张光义担任组长，王小谟任副组长。小组的直接领导是 14 所副总工程师王福如，小组的任务由所长申仲义直接下达布置。这个小组选拔集合了 1961 年、1962 年先后进入 14 所的青年才俊，主要来自清华大学、北京工业学院（今北京理工大学）等高校，组长张光义是从苏联莫斯科动力学院学成归国的，后来担任我国载人航天工程中所需的三部大型精密跟踪雷达和一部相控阵雷达的总设计师（简称“总师”），1997 年当选为中国工程院院士。小组的主要任务是论证 583 雷达，提出国内研制三坐标雷达的可行性方案。身处这样一群优秀的年轻人中间，王小谟深感压力倍增，要想当好这个副组长，必须要本事跟得上，名实相符才行。

在刻苦学习英语、钻研数学的基础上，王小谟广泛搜集、阅读英语资料，想尽各种方法让自己能够了解、读懂当时关于三坐标雷达的最新进展。王小谟的艰辛努力终于收获了成果，他总结出了窄波束雷达各参数设计的最佳公式，并且在协调、解决三坐标雷达的数据率、精度、空域三者矛盾方面取得重大突破，归纳出三坐标雷达中关于数据率、精度、空域设计极限的公式，为解决三坐标雷达研制的关键性问题打下了基础。1963 年，王小谟被任命为 14 所 583 雷达的副主持设计师，同主持设计师王福如一起负责 583 雷达的研制工作。此时，距离王小谟 1961 年 12 月到 14 所还不到两年时间。

回顾王小谟这段事业起步之路，不禁让人感叹“英雄出少年”，他为什么能够迅速地从同龄人中，甚至是一些老前辈中脱颖而出，担当重任呢？天资过人是王小谟从小就显露出来的突出特点，也在他成长进步的过程中起到了非常重要的作用。但如果把人生这趟征程比作二万五千里长征的话，那么聪明不过是每个人要走好长征路上的那双草鞋。相较于一些资质平庸的人而言，草鞋可能会帮助一个人在人生的跋山涉水中稍感轻松，但绝不会是一个人前进，乃至成功的护身符。要走好这段长征路还必须要沿着正确的方向，同时要有过人的勤奋、坚韧和耐力。非但如此，草鞋一朝磨破，也终究会泯然众人。而王小谟显然是那个既拥有草鞋，又有过人的勤奋与耐力的人，是踏踏实实往前走的那个人。

被任命为副主持设计师后，王小谟更加用功、更加拼命。“别人用一小时，我就用两小时”，他还给自己立了三个规定：“不上街玩，不看电影，利用一切时间补课自修。”在研制583雷达的过程中，他每周学习和工作时间都至少在90小时左右，按照一周七天计算，每天达13小时左右。1963年年底，他提出用脉内扫频的方法解决三坐标雷达测算数据率—精度—空域的矛盾，简化了高频系统设备，并于1964年2月将这种解决方案正式上报第十研究院。这种脉内扫频方案在全世界范围内也是第一次发表，直到当年的6月，英国科学家才设计出与此类似的方案。虽然这个方案后来因“文化大革命”被腰斩，但这件事更加坚定了他的一个信念：“我们这些炎黄后代不比外国人笨，只要肯学习，方法对，一定能对发展我国科学事业做出贡献。”

由于在专业上的突出表现，1965年王小谟被任命为14所总体室103室的副主任。由一个专业的技术人员到有行政职务的管理者，27岁的王小谟又要在巨大的痛苦与煎熬中摸索。他个性活泼，年纪又轻，喜欢与同事调侃几句，开开玩笑，但在有些人眼中，这够不上领导干部应该有的“深沉、沉稳”的标准，有人曾拿这一点上纲上线地批评他，王小谟虽然不同意这种“提高到很高的原则”的批评意见，但他也提醒自己要更加谨慎、更加严格地要求自己。在专业工作上，王小谟反应快，个性突出。开会讨论常有意见

图为 1964 年，在南京军人俱乐部，右起第二为王小谟

纷争，他就怕耽误时间。在小组讨论会上经常不等别人讲完，就又先发言了，甚至有时发言态度激烈。当自己的意见没有被大家理解，他也会暗暗觉得“同志落后，不好领导”“或是他们没有主意”，而有的同事也会觉得王小谟“听不进去别人的意见”，在最痛苦的时候，王小谟也曾萌生退意，在这期间，王小谟有时感到气馁沮丧，觉得“把许多问题的责任都推到我头上，真不想再当这个组长了，吃力不讨好”，经常“有了不当主任的思想”，自己“工作辛辛苦苦，但落得意见一堆，不如当群众”。

所有的强者莫不都是在痛苦中磨砺成长的。虽然有时被这样或那样的人与人之间的关系问题搅得人心烦意乱，心中甚至萌生出放弃的念头，但王小谟还是认识到自己这是在“逃避矛盾”“掩饰矛盾”。要想向前进，还是必须要“正视矛盾”“解决矛盾”。这使得王小谟常常陷入自我反省之中，他天天以“要走群众路线”来自我警示，提醒自己不要风头太劲，锋芒太利，“对待不同的意见，应该让别人讲完，可辩论可不辩论的就别辩论了。”他也知道对待批评的态度应该是“知无不言，言无不尽”“言者无罪，闻者足戒”“有则改之，无则加勉”，但他也深深感到“要真正做到是不容易的”。

因此，王小谟几乎是“吾日三省吾身”，天天提醒自己不要“骄傲自满”，不要觉得自己“一定正确”，要认真与一个“我”字做斗争。

但在重大原则问题上，王小谟是寸步不让的。1965 年 10 月，他所负责的 103 室要主持开展雷达的精度试验。但工作开展的难度超乎想象，首先是搞精度试验的人手不足，没人干，“精度试验的主要力量，一个‘四清’，一个回家。[1]”其次是留下来的人还都不想干，“目前看来，一部分人想打退堂鼓，而更多的人是不支持，认为能够作（做）多少就作（做）多少，而大部分人都认为困难太大，几个组长对此试验也较冷淡。”室里的人被试验的难度吓退，纷纷要“知难而退”，同时又被政治运动分散着精力，对开展精度试验也毫无热情。面对人心散漫至此，王小谟坚定地认为“首先我的信心不能动摇，即使别人反对，也应该坚持下去，要把工作搞好，挨几句骂没什么了不起。”因为他深刻认识到，精度试验不仅关系到当年的工作，更关系到雷达研制的全局，之所以无论如何都要开展精度试验，就是为了“永远处于主动”，集中精力打歼灭战。

坚定了自己一定要做下去的决心后，王小谟确定了要想完成这次精度试验的主导思想是“发动群众，要让大家成为此次试验的真正主人”。为统一思想、发动群众，他给自己明确了两条原则：一是让他们敢于批判；二是使他们明白这一切对于全局的意义。他要求自己要“不厌其烦”地去做室里同事的思想工作，要“仔细地向有关人员（包括那些不支持的人）‘交底’”，让大家充分地了解全局。经过十分艰难的统一思想，精度试验终于推进下去了，但依旧有人极不看好王小谟主持开展的这个试验，觉得 14 所缺乏经验，几乎不可能成功。现在回想起来，那时的王小谟恐怕是极为孤独的，自己认为极其重要且必要的事得不到周围人的认可与支持，本来好不容易组织起来的四个人，在试验中途又主动走了两个人，他几乎是在孤军奋战。但那时的王小谟又是非常坚定的，他认为做精度试验对雷达研制工作的全局

1　王小谟当年的日记。

意义重大，因此他“坚决支持大干，即使担风险也要干，只能成功，不能失败。”

作为14所总体室103室的副主任，不到30岁的王小谟既要主持专业研究，还要理顺室内人与人之间的关系。在当管理者这方面，当时的王小谟是缺乏经验的，与在学校组织京剧团时迥异，室里众口难调、人心各异，对这个刚来不久的年轻人的认可程度也不一样，专业上吃得开，并不代表当领导就能服众，因此，统一人心，处理与同事之间的关系，让王小谟颇费心神。但他在对工作的态度上又是极其坚定的，哪怕形势再艰难、局面再难打开也要迎难而上，他一方面不断深刻地检查自己的问题，从自己身上找原因，不诿过于人，另外，他又暗暗鼓励自己“再坚持一下”，工作上的推进与开展就来自于王小谟这种“再坚持一下”的韧劲。1965年，王小谟完成了“比幅法与数中心法的比较”，明确了数中心法在极限精度、能量利用、平衡要求、反干扰等方面优于比幅方案，建议583雷达研制采用数中心法。同时，对脉内扫频数中心的583雷达方案进行了初步的工程设计，形成了583雷达工程的初步方案。

怦然心动

真挚而纯洁的爱情，一定渗有对心爱的人的劳动和职业的尊重。

——邓颖超

不经意间，有一天你会遇到一个彩虹般绚烂的人，从此以后，其他人不过是匆匆浮云。

——《怦然心动》（2010，美国）

年轻时的王小谟肯定算不上是帅哥。

刚参加工作不久，母亲就生病了，每月不多的津贴，他大多寄回了家里，供母亲求医问药，自己外表怎样、形象如何，他根本没精力也没钱去顾及。因此，很多时候，王小谟甚至显得有那么一点邋里邋遢。

到14所后，曾有一位热心的同事给王小谟介绍了一位上海姑娘，相亲的日子，王小谟约姑娘去看电影，姑娘带着自己的妈妈一起来了。结果，电影开场没有十分钟，这位姑娘的妈妈就找了个理由把姑娘领走了，并且告诉介绍人，王小谟也太邋遢了。我们也不知道王小谟当时是不是感到自尊受伤，又或者是自己一个人轻松地看完了电影，毕竟，每天埋头于科研，这种放松娱乐的时光是不多的。

那个时候好不容易等到一次回家探亲的机会就像是过一次盛大的节日。1963年春节前，当王小谟坐上回北京的火车时，他的目光一下子就被坐在他对面的明眸善睐的姑娘吸引了。王小谟后来回忆说，“我看她挺好的，就看上她了。”这个姑娘就是家在山东兖州的张湘云。在那一趟回家的旅途中，王小谟表现得异常活跃，他拿出自己组装的收音机，给这个听，给那个听，传来传去，那个收音机就传到了坐在他对面的张湘云手里。张湘云禁不住好奇，研究起了王小谟自制的收音机，打量起了坐在他对面的这个小伙子。王小谟就着张湘云试听他的收音机的话头说，这样的收音机自己做了好几个，给自己的爸爸一个，给他姐姐一个。王小谟还趁机做了自我介绍，他说，“大家都叫我小谟，也有人叫我‘魔鬼’，因为大家觉得我这个人点子多嘛！”在追女孩子这件事上，其实也是智商的较量和考验，对此王小谟无疑也是用心又用脑子的。

张湘云要先于王小谟在兖州站下车，她家里人多，回家探亲给家人带的东西也多，装了两个大行李包，一个女孩子根本拿不了。车到兖州站，王小谟拿出一根军人打背包的背包绳，帮张湘云把两件行李重新打包，把张湘云送到站台上，看着她自己能拿得了，顺利出站，自己才又回到车上。就是这根打包行李的绳子，牵出了两个年轻人半世的姻缘。

春节假期后回到所里上班，张湘云一直惦记着要把绳子还给王小谟，但她只知道王小谟的名字，却不知道他是哪个部门的。张湘云就向自己的师傅询问，师傅果真认识王小谟，就主动提出代张湘云把绳子还给王小谟。张湘云师傅的热心肠，让王小谟追求张湘云的“绳子计划”遇挫。但张湘云的师傅似乎很快就被王小谟“统战”了，做起了王小谟同自己女徒弟之间的牵线人，找到机会就和张湘云念叨王小谟的好，终于有一天提出，要把王小谟介绍给张湘云。火车上一面之缘的小伙子？张湘云犹豫了，她没有立刻答应，只说要考虑考虑。但是她也开始留心和周围人打听王小谟的情况，听与王小谟工作上打过交道的同学讲道，“小谟这个人不错，平时话不多，埋头苦干。”张湘云对这个会自己做收音机的小伙子的好感又提升了几分，终于，在自己的师傅又一次提出要给她介绍王小谟时，张湘云答应了。

两个人的第一次约会，王小谟邀请张湘云去看电影。在这次约会中，王小谟把自己的家底都坦白给了张湘云，老实地讲出自己是哪个学校毕业的，家里有几口人，还特别和张湘云介绍了自己的家庭出身不好，父亲曾是国民党的军官，并且笑着补充说：“北平是和平解放的，我父亲也属于解放兵吧。”

图为 1964 年，王小谟和张湘云

这个小伙子对自己的用心与热情，他的坦诚、聪明，甚至还有那么一丝狡猾，都让张湘云怦然心动，她不想因为什么家庭出身就拒绝王小谟，于是就淡淡地同王小谟讲道，“出身好不好不是最重要的，关键还是看个人表现吧。”

两个年轻人就这样恋爱了，他们情意相投。

张湘云把自己恋爱的事情写信告诉了父母，也如实告诉了他们王小谟的情况。但收到的回复对这对小情侣来说几乎是当头一棒。张湘云的父亲是位老革命，是从延安拼杀出来的，1955 年解放军授衔时，张湘云的父亲被授予上校军衔。听说女儿在与前国民党军官的儿子交往，父亲为女儿的将来深感担忧，军人父亲的做法是直截了当的，他明确地表示反对，强烈要求女儿不再与王小谟来往。张湘云听从父命，与王小谟“分了手”。

手是可以轻易分的，感情却不能那么轻易地就割舍了。关于王小谟的消息总在有意无意间快捷地传到了张湘云的耳朵里。14 所和部队雷达团进行技术比武，王小谟作为 14 所的代表去参赛，张湘云也悄悄地作为观众去观赛，赛场上，王小谟用几分钟就破解了对方设置的复杂故障。赛场外的张湘云，心中有一丝丝的窃喜，当初没有看错他，他果然聪明，果然出众。在卫岗分所的调试场，张湘云再次偶遇了汗流浃背地在雷达车厢里正一个人工作的王小谟。南京的盛夏暑热逼人，哪怕静坐在阴凉处不一会儿也会大汗淋漓，车厢里机器运转起来，更是闷热难耐，人一进去便觉得被里面的热浪压得透不过气来。大家都暂停了工作，以避酷暑，只有王小谟一个人还在车厢里，提着示波器检查确认各节点的波形。张湘云见到他时，他一身军装已经完全被自己的汗湿透，浑身上下没有一处是干的。才华与聪明之外，张湘云被王小谟身上“一根筋”式的执拗打动了，她遥想自己若与他一起生活，一定踏实又靠谱。

张湘云周围的许多同学也热心地当起了“月老”，经常在张湘云面前念叨王小谟的好，王小谟母亲生病、经济拮据这样的消息也不断地传到张湘云这里，引得张湘云暗暗担心，她想帮帮王小谟，在她眼里心里这个小伙子是可怜、可爱，又可敬的。

就这样，王小谟的家庭出身、自己父亲的反对，张湘云都不在乎了，两个年轻人又联系起来。单位有人找张湘云谈话，建议她慎重考虑与王小谟的关系，应该找一个家庭出身更好的人。但此时张湘云已经认定了王小谟，她回答说："家庭出身是一回事，可他经过组织上的层层审查，能进 14 所，领导能把这么重要的项目交给他，让他独当一面，这一切都已证明，他已经是站在人民的这一边了，连组织上都如此信任的人，我还有什么信不过的？"张湘云坚定地同王小谟站在了一起，她常去帮王小谟洗衣服，照顾这个单身汉的生活，她的出现成了整天埋头于科研的王小谟生活中一道温柔的光。约会的时候，王小谟就带着张湘云去逛夫子庙里卖无线电元器件的商行，逛完再找个饭店吃顿好的，点的菜基本上都是固定的——"5 毛钱套餐"，即王小谟点一个宫保鸡丁，张湘云点一个摊鸡蛋，每次都是这两个菜，加起来一共 5 毛钱。爱情到底是什么呢？恐怕就是每周都和同一个人吃"5 毛钱套餐"也不厌烦吧。爱情并不神秘高深，它是一种平平淡淡，是一种相互理解、相互扶持，是人生有你就会心安。

1967 年 1 月，经过近 4 年的交往，王小谟和张湘云登记结婚了。这个时候的王小谟早已不再是当年技术比武场上意气风发的那个年轻人了，因为家庭出身、"历史不清白"等问题，他已经被打倒，"灰头土脸"地靠边站了。他们向所里借了间房子，两个人把生活用品搬到一起就算结婚了。这两个年轻人甚至连结婚仪式都没有办，这个小家庭唯一的"启动资金"来自王小谟父亲给的 100 元钱，张湘云收到的最贵重的新婚礼物，是王小谟姐姐送给她的一件高档的蓝色毛料上衣，这件衣服张湘云一

图为 1965 年，结婚时的王小谟与张湘云

穿就是十几年。两个幸福的年轻人就这样生活在一起，战斗在一起，开始了相互陪伴的一生。

从此以后，在贵州的大山里，他们吃苦在一起，在王小谟登上国家最高科学技术奖的领奖台时，他们互相成就在一起。王小谟说，“这一辈子，我的成就应该说有她的一半。”这是一句真心话，人生风雨，确实需要一个知心人。

在云端

在高空中，云端似乎成了我们的避难所，让我们暂时忘却生活的烦恼，尽情享受这份独特的平静和自由。

——《在云端》(2009，美国)

正当王小谟在研制583雷达的进程中艰苦前进的时候，全国范围内“阶级斗争要年年讲、月月讲、天天讲”的“左”倾错误不断发展，使得王小谟不得不暂时中断自己的科研工作。1965年1月，中央工作会议发布《农村社会主义教育运动中目前提出的一些问题》，即《二十三条》，由原来的“清账目、清仓库、清财务、清工分”的“小四清”发展为“清政治、清经济、清思想、清组织”的“大四清”，并进一步把阶级斗争人为激化，明确提出“大四清”的目的就是要“整党内那些走资本主义道路的当权派”。在此背景下，王小谟放下手中583雷达的研制工作，被下放到江苏溧阳县南波镇强埠公社（今江苏省溧阳市强埠镇）搞“四清”运动。

按照中央要求，1965年4月江苏省委召开工作会议，全面部署了江苏的“四清”运动。从1964年年底至1966年，江苏省共开展了三期重点“四清”运动，其中，王小谟参加的溧阳县“四清”运动大致开始于1966年春，是江苏全省第三批重点“四清”运动[1]。王小谟作为工作队的一员，大概是在1966年5月底到溧阳县南渡镇强埠公社搞“四清”的，这个公社离溧阳县城还非常远，地处江苏和安徽交界，当时还不通公路，只能坐船去。刚到强埠公社，王小谟被一幕幕场景深深震惊了，记事以来一直生活在北京，参加工作后来到南京，他没想到20世纪60年代的中国还有贫困至此的地方。强埠公社是一个坐落在山洼里的小山村，土地不仅少，而且质量差，村里接近赤贫状态，许多农民都没有衣服穿。到了夏天，结了婚的女人就赤裸着上身，男人们也没有裤子穿，就把一块手绢搭在腰间，权当遮羞布。1966年12月9日，王小谟在日记中记录了自己收到的薪水是59.4元，据他估计，这相当于他寄住的农民家一年的全部收入，而强埠公社的其他村民“甚至有的还一个钱不进。”

因此，来到强埠公社后，王小谟遇到的第一个问题是吃不饱。他住在一户农民家中，这户人家为了照顾从城里来的解放军，一天煮三顿饭，但都是稀饭，前两顿没有菜，晚饭加上一道腌野菜。第二大问题是生活条件极其恶劣。“四清”期间，王小谟曾去别的村子开会，这个村子没有河，全村人喝的都是死塘水，“又苦又臭”，全村人洗脸、吃饭、洗马桶都靠着这塘死水，每次喝水的时候，王小谟都得捏着鼻子，“心想咬咬牙就这么过去了。”此外，下田劳动对几乎没有干过农活的王小谟来说也是很大的考验。稻田里蚊虫成堆，人一进稻田就成了蚊子的大餐，它们一哄而上，赶也赶不走。脚下还有蚂蝗吸血，一天的劳动下来，身上几乎是一块好肉都没有。没干过农活，不习惯农村生活，王小谟经常是把自己累得筋疲力尽，但还是干得又慢又不好，还不如最慢的社员的三分之一。在强埠公社搞“四清”的半年是王小谟人生苦到极点的半年，也是让王小谟能够以最近距离观察、认识当时中国最底层群众生活状态的半年，尝苦知甜，人生无不是从最难、最苦的日子中锤炼出来的。

1　王永华．“四清”运动研究——以江苏省为例 [M]. 北京：人民出版社，2014: 148–149.

更要命的是，由于自己的出身问题，在阶级斗争不断激化的“四清”运动中，王小谟的思想压力越来越大，已经深深感到山雨欲来了。刚到村子里的时候，王小谟就有三怕：一怕听不懂话，二怕身体吃不消，三怕犯错误。当他所在的小组召开批判“今不如昔”小组会时，王小谟发现全组 15 人，除他一个人出身于剥削阶级，其他 14 人都出身于贫下中农，这让王小谟听到别人发言说，“我们都是贫下中农子弟”时，感到坐立难安，深感如芒在背。此时的王小谟提醒自己必须低下头来，要完全消灭自己身上的“个人主义”“骄傲自满”情绪，要“夹着尾巴做人”把工作队里的一切同志都当作自己的老师。

这个时期，由于自己本身家庭出身就不好，王小谟最为重视的就是对自己的思想改造。他要求自己“一切用毛主席著作作为最高指示”“每作（做）一件事，都学有关语录”“每周至少两篇心得”“每天学习一个半小时，绝不能少”。在 1966 年 7 月 1 日，王小谟给自己制订了“学习的初步计划”作为对党的献礼。在这项学习计划中，他列出了六大方面，涉及半年内重点系统学习的 14 篇毛主席著作，涉及摘写语录、写学习心得等学习方法，也涉及每篇著作学习要重点解决什么问题。计划订出来，他要求自己“工作再忙也要坚持，饭可以不吃，觉可以不睡，但是（学习）主席著作，决不能放松。”

同时，他在运动中也积极表现，希望能够得到组织的信任。他积极地向党组织汇报思想，即使是在交通闭塞的山村，他也坚持每两个月向 14 所的基层党组织汇报一次思想，并积极主动地向所在地的党组织报告自己思想改造的情况。王小谟迫切地想要入党，早在搞“四清”前，他就已经向组织递交过入党申请书，但是由于自己的家庭出身问题，入党申请书石沉大海。在所里，看着和自己差不多的人都入了党，他就更加觉得不受组织信任，陷入低落的情绪中。下乡搞“四清”后，他尽心尽力地积极表现，希望能够在这场社会主义教育运动中彻头彻尾地改造自己，用自己的实际行动来证明自己对社会主义新中国的忠诚，洗刷荒谬的血统论、出身论给自己带来的不公境遇。

一次，为了去社渚农场调查“反革命”资料，王小谟从早上 7 点走到下午 4 点，一天步行 60 里。村里的贫农李某生病了，儿子又不在家，只能自己一个人躺在床上，王小谟就去给他送水、做饭，帮他去队里开证明，带他去医院看病。1966 年冬天，山村的气温陡降到零下 7℃，王小谟主动到没有棉裤、棉衣的乡亲家里了解困难，并联系队里帮他们解决，在“自己留着穿还是送给他”的纠结中，他还是咬咬牙，把自己仅有的一个棉背心送给了村里的一个特困户。在村里贫协和积极分子骨干会上，他总能想出很多点子，参会的人都称赞王小谟有办法，说他的工作能力比别人强，村里贫协组组长罗和保直接讲道，“我们队来了老王是有福气的。[1]”

在溧阳县农村搞“四清”运动的半年，是王小谟身体接受极大考验、精神承受巨大压力的半年，但最终，通过自己的积极努力，他还是被暂时允许同人民站在一起，还没有被完全打入另册。1966 年年底，“四清”运动结束回到 14 所后，等待他的是更加激烈的斗争，是完全的黑白颠倒，是彻底的属于一个人的孤独。

1966 年 8 月 5 日，在党的八届十一中全会上，通过会议简报的形式印发了《炮打司令部——我的一张大字报》，随后，全会通过的《中国共产党中央委员会关于无产阶级文化大革命的决定》（简称“十六条”），明确规定“在当前，我们的目的是斗垮走资本主义道路的当权派。[2]”在向“党内一小撮走资本主义道路的当权派和社会上的牛鬼蛇神，展开总攻击”的号召下，全国陷入了“打倒一切”“全面内战”的大动乱状态中。

曾经因为贯彻“科学十四条”得力，成为业界典型的 14 所，曾经大力

1 此处系 1966 年 8 月 14 日王小谟院士日记内容。

2 中共中央党史研究室．中国共产党的九十年·社会主义革命和建设时期 [M]. 北京：中共党史出版社，2016: 566—567.

倡导“三敢三严”的14所也不可避免地卷入了这场大动乱中。到1967年1月，所内正常的科研秩序陷入全面崩溃的状态，全所分为两派，斗争不断，“造反派”最终成功“夺权”。原来都是一起工作战斗的同事，一朝被“打倒”就立刻有“站不完的队，写不完的检讨，请不完的罪”。14所的所长申仲义、政委赵则三被双双扣上“走资派”的帽子，加上“执行资产阶级反动路线”的罪行，被关进了“牛棚”，整天受到大会批斗。所总工程师张直中因为曾经留学美国，并曾在国民政府工作过，被指控为“埋伏得很深的特务”，清理出阶级队伍，家被抄了，本人也被关进“牛棚”接受隔离审查。王小谟的老师王福如也被扣上“黑干将”的帽子打倒，不准再工作了。一时之间，天地颠倒。王小谟身边的许多老领导、老同事纷纷被剥夺了工作的权利，他们被集中关押，为了防止他们逃跑，“革命小将”甚至把他们的裤带、鞋带都统统没收。有不少人，因为实在经受不住肉体折磨、精神摧残，选择了自杀。

很快，出身“国民党军官”家庭，入所时少年得意，到所不足两年就被任命为583雷达副主持设计师的王小谟也被打倒了。“革命小将”禁止王小谟再从事583雷达的研究，要对他的家庭和历史进行全面审查。幸运的是，此时的王小谟在“造反派”眼里，还不是大的“当权派”，他们给王小谟扣上一顶“反动学术权威”的帽子，把他赶到了14所的DJS–21计算机房，去当机房管理员。

DJS–21计算机是由华北计算所于1965年研制成功的晶体管计算机，在全国范围内共生产了130台，是我国最早进行批量生产的晶体管计算机。这部DJS–21计算机从体积上看，俨然是庞然大物，光主机就有好几个立式机柜，控制台体积堪比一张大书桌，但它的电子器件从第一代计算机的电子管改为晶体管，运算速度有了明显提高，数据提高到用21位二进制表示，运算精度也有了长足的进步，是当时我国最先进的计算机，后来被视为我国第二代计算机的代表。14所原本为了这个大家伙，专门设置了计算机房，并有严格的管理制度，上机要经过申请批准，并且要计时。“革命小将”们却把这个几乎代表当时我国最先进的计算机技术的宝贝交到了被打倒的“反动学术权威”王小谟的手中。

一方面，因为当时懂计算机的人几乎是凤毛麟角；另一方面，“文化大革命”动乱中，大家都去“干革命”，这台计算机几乎没有人使用，更没有人维护，故障极多。因此，在批判、审查、劳动之余，吃睡都在计算机房的王小谟就和这个“大家伙”交上了朋友，开始下大力气研究钻研计算机知识。头顶“反动学术权威”帽子的王小谟抱定一个信念：总有一天会恢复正常的，到那个时候没有本领就无法为人民工作。他复查测试了所有插件，帮助这个“大家伙”来了个全身诊断，最终发现机器故障主要来自三极管“断腿”，他分析这主要是由于机房空调设计得不合理，造成机房长期通风不畅、过度潮湿。于是，王小谟就改造了机房的风道，使空气流通起来，孤独的王小谟修好了这台几乎被遗忘的计算机，而这个“大家伙”也抚慰着被打倒的王小谟。在和这台计算机朝夕为伴的日子里，作为“反动学术权威”的王小谟不能“乱说乱动”，除批斗、审查外，他几乎把全部精力都投入到了与 DJS-21 计算机的深度“人机交流”上。被赶进计算机房的近两年时间中，王小谟写下了厚厚的学习笔记，掌握了这台计算机的全部硬件、软件。孤单无聊的时候，他就编程让这台计算机唱歌，和这台计算机下棋。自己研究计算机后得到的这点小快乐，带给了混乱苦闷的岁月中的王小谟以莫大慰藉，也为他日后率先把计算机技术运用到雷达研制中打下了坚实的基础。

从领导和同事高度认可，被委以重任，到被隔离审查，赶进只有一个人的计算机房，“文化大革命”中年轻的王小谟深深感受着世事难料和人生的风云变幻。但心中“总有一天会恢复正常的，到那个时候没有本领就无法为人民工作”的信念始终支撑着他，遭遇挫折与不公，行至人生低处，当能够往高处看，向远处望，心怀国家和人民时，一个人的计算机房也就不再孤冷寂寞、凄凄惨惨了，而是在这里要闷着头、咬着牙再磨炼出一项日后建设国家、服务人民的本领。

正如王小谟咬着牙坚信的那样“总有一天会恢复正常的。”人生，终归是不会辜负聪明而坚韧之人的。

第二章　扎根“彩云之城”

卧虎藏龙

路漫漫其修远兮，吾将上下而求索。

——《离骚》

无论你对此生的决定为何，一定要真诚地对待自己。

——《卧虎藏龙》（2000，中国）

1964年10月17日的《人民日报》头版头条刊出《加强国防力量的重大成就　保卫世界和平的重大贡献　我国第一颗原子弹爆炸成功》这条让世界震惊、让国人振奋的消息。

这则消息明确指出，“中国进行核试验，发展核武器，是被迫而为的。中国政府一贯主张全面禁止和彻底销毁核武器。如果这个主张能够实现，中国本来用不着发展核武器。[1]”这段话道明了长期面对美国、苏联等核大国核讹诈、核威胁的新中国为什么一定要拥有自己的核武器——要反对原子弹，就必须自己先拥有核武器。中国人可以说是头顶着核武器来研制核武器的。根据20世纪90年代解密的美国绝密档案来看，到1964年4月，美国已经制定出打击中国罗布泊核试验基地的行动计划和具体实施方案。

1 《加强国防力量的重大成就　保卫世界和平的重大贡献　我国第一颗原子弹爆炸成功》，《人民日报》，1964年10月17日。

除核打击的致命威胁外，自新中国成立以来，周边的形势始终十分严峻，到20世纪60年代，几乎东西南北四个方向全面受敌，防御敌人的突然袭击和大规模入侵成为最为紧迫的任务。从南面来看，美国对越南的入侵急剧升级，战火迫近中国南大门；从西南来看，印度军队悍然入侵我国领土，我国军队被迫进行自卫反击；从东南来看，败退到中国台湾地区的国民党虎视眈眈，妄图趁国内“大跃进”、三年自然灾害的时机反攻大陆；在西北和东北方面，中国和苏联关系不断恶化，直至全面破裂，中苏之间从打“笔墨官司”到1969年在珍宝岛上爆发武装冲突，苏联调集重兵驻守蒙古，战略导弹直指包括北京、上海在内的中国大城市。在这样大战将临的紧迫情势下，毛泽东和中共中央做出了建设三线的战略决策，其建设的总目标是“在纵深地区建立起一个工农业结合的、为国防和农业服务的比较完整的后方基地”，“防备帝国主义发动侵略战争”[1]。

所谓三线，是指由沿海、边疆地区向内地划分为三条线，一线指沿海和边疆地区；三线指四川、贵州、陕西、甘肃、湖南、湖北等内地地区，其中西南、西北地区（川、贵、陕、甘）俗称为“大三线”，中部及沿海地区的腹地俗称“小三线”；二线指介于一线、三线之间的中部地区。三线建设主要是指三线和二线地区的建设，也包括一线的迁移[2]。一线的迁移，必须遵循“靠山、分散、隐蔽”的选址原则，而国防工业的迁移要求就更加严格，选址不仅远离城市，有的地方连路都不通，部分国防尖端项目的研制直接隐蔽进了山洞里，新中国的这一代国防科研人员“备战、备荒、为人民”，无论是兵器，还是电子、核工业等不同领域的众多科研人员，几乎都是隐姓埋名地走进了深山老林。

按照国家建设三线的决策部署，1965年4月第四机械工业部决定组建第38研究所，由14所以“成建制分迁”的方式建设一个雷达研究基地，规

---

1 陈夕. 中国共产党与三线建设[M]. 北京：中共党史出版社，2014: 9.

2 陈东林. 1966—1976年中国国民经济概况[M]. 成都：四川人民出版社，2016: 101.

图为 1969 年，14 所赴贵州都匀投身“三线”建设人员合影，第一排右三为王小谟

划编制是建设五个专业研究所和一个雷达天线试验场。38 所选址在贵州黔南地区都匀县王司区马寨公社大坪生产队，距离都匀县城还有 23 公里，四处环山，隐蔽性极强，从空中难以被发现。按照边设计、边施工、边生产的基本建设原则，1965 年 5 月，38 所正式破土动工，由于交通条件极差，又没有大型机械作业，几乎全靠人工，分迁的先头部队要在黔南深山里打造出一个“贵州雷达研究基地”。1969 年中苏珍宝岛事件后，局势更加紧张，毛泽东号召全体人民要在物质和精神上准备打仗，中央发布战争动员令，全军进入战备状态，大城市开始疏散人口，这加快了 14 所分迁的步伐，从 1969 年年底开始，14 所分迁人员大规模出发入黔。

从一个人的计算机房走出来的王小谟，坐上了第一批从南京去都匀的火车。当时从南京去都匀，坐的是三级军用闷罐车，车上连座位都没有，只能盘腿坐在草席上，这一坐就是漫长的五天五夜，也就是在这列闷罐车上，王小谟学会了抽烟。当列车到站时，许多人由于长时间没有活动，双腿肿胀，甚至不能行走，被用担架抬下了车厢。这些来自南京、上海等大城市的年轻人面对眼前苍茫的大山，面对工作和生活环境的翻天巨变一时无言，有些女孩子偷偷掉下了眼泪。

正如王小谟从小所坚信的那样——“学习是为了祖国”。那么，干事业也是为了祖国，这批走进西南闭塞山沟的年轻人擦干眼泪、咬紧牙关，无论如何也要完成任务，要从零开始，在这个山沟沟里再建一个雷达研究基地。和周围的许多人一样，王小谟心里只有一个信念——既然来了，就要干，而且一定要干出个样子来！

从1969年12月到1970年8月，14所分三批分迁38所818人。在最初抵达的一年半时间里，这些搞雷达研究的科研人员连住的地方都没有，包括副所长、总工程师在内超过三分之二的家庭住在四面透风的油毡茅棚里面，搭建这种茅棚的材料全是就地取材，用山里的毛竹搭起个骨架，弄儿张芦席围起来当墙，再弄张油毛毡做屋顶，王小谟和新婚妻子张湘云就住进了这样既不遮风也难挡雨的茅棚里。

住的地方算是暂时解决了，吃水变成了这支队伍的大问题。山沟里没有自来水，近千人用水只能靠到附近河里挑水，或储存雨水。直到1972年所里组织职工自建普龙水源工程，靠着人抬肩挑，历经半个多月的作战，铺设起1000多米的引水管道，架起500多米的输电线路，所里的生产生活用水才有了起码的保证。有水吃，没饭吃。在最初的5年时间里，全所职工的口粮主要是苞谷杂粮，不要说吃肉，就是青菜、萝卜、咸菜都吃不上，于是辣椒和盐成了主菜。王小谟和妻子张湘云在贵州深山里过的第一个春节是终生难忘的。西南山区的冬天阴冷而潮湿，搭起来的茅棚四面透风，大年三十的山里格外寂静，大山被南方的寒气包围，放眼望去，满眼冷绿。那个年三十，这对小夫妻的家里连一颗鸡蛋都没有，王小谟白天还在加班，张湘云总想添些“荤”菜，也给这个小家庭添添年味儿。张湘云到村子里面挨家挨户转着买鸡蛋，但贫瘠的山村里，竟找不到一户能拿出鸡蛋来卖的人家。这天晚上，正当张湘云失落地打算过一个无比简单的春节的时候，王小谟却兴冲冲地提了一小块猪肉回来，原来是一位老乡到所里卖猪肉被王小谟正好买下，就是这块猪肉不仅变成小两口过年的年夜饭，还变成了这年山村里“王氏筵席”的主菜——王小谟把没回家留在山里过年的好几个同事请到家里吃了顿“好的”。

筚路蓝缕，这个成语的本意是驾着柴车，穿着破旧的衣服去开辟山林。这个词用来形容王小谟和他的战友们恐怕是再合适不过的了。为了改善居住条件，职工和家属参加义务劳动建宿舍，他们组织起来去搬砖、运沙、浇水泥，不夸张地说，就连一张床板都是从外面运进来的。大山深处的38所建设工地热火朝天，掀起了建设的新高潮，到1970年年底，完成科研生产建设面积26902平方米，包括发射楼、天线楼等主要科研生产建筑，并完成24813平方米的生活设施建筑，职工们终于搬出了油毡做顶的茅棚，搬进了宿舍。

从一穷二白开始，到生活逐渐稳定下来，王小谟和张湘云默契配合，努力把在深山里的日子也过得有声有色。他俩打的是“你耕田，我掌勺”的配合战，由于38所在十分闭塞的深山中，对外联系极其不便，日常生活所需的蔬菜、肉类供应也很成问题，物资极为短缺，张湘云就加入了38所职工垦荒的队伍中，在自家的房前屋后开垦出一块小菜地来，种上家里日常吃的蔬菜，身体力行地过着自己动手、丰衣足食的日子。王小谟从南京到贵州来的时候就带了一本菜谱，这本菜谱成了他厨艺不断长进的秘籍，只要有食材、有空闲，他就照着菜谱琢磨，加上自己的创造性改造，竟也成了闻名38所的“名厨。”他炸油条的香气，经常氤氲在深山38所的厂区里，山里清苦的生活，因为夫妻俩的相互扶持，竟也充满蜜糖味儿。

那个时候的生活虽然几乎是回归到原始状态的艰苦，但精神却是坚定与纯洁的。从南京到都匀的山沟里，从工作条件堪称优越的南京14所到几乎回归到“野生”状态的贵州38所，被分迁到这里的14所人心里是憋着一股气的，这是一定要干出点成绩来保卫国家的气。他们牺牲着自己的利益，坚决响应“先生产、后生活”的号召，在包括王小谟在内的第一批职工抵达后的第23天，他们就迅速开始承接上级下达的526、381和382三种型号雷达的研制任务，在大家都还住在茅草棚里三餐难饱的时候，王小谟及同事们就在深山里开启了为国家研究试制对空警戒引导雷达的异常艰辛却热情似火的日子。

岁月神偷

百折不挠，屡仆屡起。

——孙中山

在变幻的生命里，岁月，原来是最大的小偷。

生活就像鞋：佳一步难一步！一步佳一步难！

——《岁月神偷》（2010，中国香港）

抵达都匀的大坪生产队不久，1969年12月底，王小谟就被任命为38所总体室的临时负责人，从“一个人的计算机房”被“放了出来”，他又回到了自己想要干一辈子的雷达事业中。382雷达是可移动式万千米相控阵雷达，是当时国防科技工业的国家重点项目，在国内相控阵研究还几乎处于一片空白且38所科研生产条件还不具备的情况下，上级对382雷达就下达了“在1970年‘十一’前研制出相控阵雷达的收发单元，要在当年年底研制出一至四块面阵，1971年‘十一’前要达到5000千米，1972年‘十一’前要研制成功万千米相控阵雷达”这样的高指标，这是特殊时代背景下狂热政治氛围催化的结果，但尚在初创时期的38所迫切地需要立功，站稳脚跟，全所上下拧成了一股绳，不管多难都要争口气，都要拿出自己的东西来。从1970年开始，王小谟被任命负责382雷达的研制工作。

所谓的厚积薄发，可能就特别适合此时的王小谟。当时的科研环境之差是今天的人难以想象的，生活环境之差更是许多人难以忍受的。在闭塞阴冷的黔南山沟里，不要说及时了解当时的国际前沿的研究态势，就连都匀县城的消息传到山沟沟里时都可能不那么新了。器材供应也极其困难，即使在所内，由于在建设时为防止敌人空袭，工作区采取所谓“羊拉屎”式布局，极其零乱分散，车间与研究室距离很远，往往是一个部件半天也运不进来。科研人员也没有先进便利的计算工具，计算多是靠纸上手算，往往一个复杂的计算就耗去一个月，甚至更长的时间。就是在这样的山沟里，王小谟牵头开始了具有当时世界最先进水平的382相控阵雷达（简称382雷达）的研制。很快，由他牵头的382雷达的总体论证工作就有了收获。1970年年初，王小谟写出了382雷达方案论证小结，完成了382雷达的总体论证工作。紧接着，王小谟和他的团队一刻都没有停歇，继续啃硬骨头，他对方案中关键技术单元发射机进行了论证，并对使用同轴四极管FC-9作为发射管进行了腔体的计算、设计，调出了使用其为发射管的功率，加深了对同轴四极管工作特性的认识，为后续的研发工作打下了基础。

在当时大干快上的氛围下，研制382雷达不仅是科研问题，更是政治问题。1970年，上级领导要求要在“十一”前研制出一个相控阵雷达收发单元向国庆献礼。本来负责总体工作的王小谟，主动加入到了相控阵雷达收发单元研制的队伍中，并在实战中靠自己的能力成为这支队伍的带头人。这又是一段让王小谟倍感压力与痛苦的时光。投身相控阵雷达收发单元研制后，昼夜加班、连轴奋战，身体上的极度疲劳对王小谟来讲已经难以忍受，更折磨人的是精神上的巨大压力。原本在14所头顶“反动学术权威”帽子的王小谟此时并没有被摘帽，封闭的38所政治空气稍微没有那么紧张，但沉重的心理压力犹在。可是放眼全所，也只有王小谟才能担当此任，因此他才被准许又加入382雷达的研制工作中来。王小谟一头扎进来，搞难度非常大的相控阵雷达收发单元研发，深深担忧的是若搞不出来的话，授人口实，在日后的政治运动中会受到批判。

在条件极其简陋的38所搞难度极大的相控阵雷达收发单元研制，王小谟常常被一次次失败的试验打击到想要放弃。一次，经过数次试验，试过三种电极回路，换上板极回路，仍然无法解决故障达到试验效果，王小谟几乎崩溃，旁边早有人冷眼旁观，下了“定论”——这个试验已经山穷水尽了。此时的王小谟也不禁在心中默默问自己，这样做下去有什么用呢？那一夜的王小谟彻夜未眠。

痛苦是真切地体会得到的，责任也是真切地感受得到的。那一夜，王小谟在自己的周记中写道：“毛主席说，任何新生事物的成长，都是要经过艰难曲折的。在社会主义事业中，要想不经过艰难曲折，不付出极大代价，总是一帆风顺获得成功，这种想法，只是幻想。”第二天清晨，当第一缕阳光刚刚照亮叠秀晓翠中寂静的38所时，王小谟又早早地开始了相控阵雷达收发单元的研发试验工作，他下定了决心，一定要排除万难，即使经历一万次的失败也要坚持做下去。

在研制工作最紧张的时候，王小谟作为382雷达的总设计师，发起成立了382雷达科研突击队，这支队伍吃住都在车间、实验室，鏖战了75个昼夜，终于研制出新型小单元，总质量由原来的23.5千克降至4.87千克，体积减小到原来的五分之一。研制出来的新型小单元被紧急运往北京，作为深藏在黔南山区里的这群雷达人献给祖国母亲炽热的生日礼物。

此时的王小谟感到如释重负，他长长地松了一口气。走进大山的这三个多月，王小谟从来都没有心情仔仔细细看一看这片山，更没有心情感受这山里的微风习习，听听这山里的虫鸣鸟叫。现在，他终于可以看看这山、感受这水了，同时心中也为自己骄傲——即使在大山里，自己也能干出一番事业来。

情势的急转直下，让人猝不及防。1971 年，原定派王小谟到北京汇报 382 雷达方案，但由于王小谟的“历史不清白”，所里临时研究决定换了人。这一举动深深刺痛了王小谟，一方面，原本期望已久到北京见毛主席的愿望从此落空；另一方面，自己的家庭出身是无论如何都无法改变的，而这让人无能为力的“缺陷”，先天地抹杀了自己想干许多事的可能性，这让王小谟感到一种近乎绝望的沮丧。

被取消赴北京汇报的资格后不久，王小谟就被彻底排挤出 382 雷达的研制队伍。自己曾经满怀热情，全身心投入的事业，从此再和自己没有任何关系。1971 年 6 月开始，王小谟被剥夺了从事科研工作的权利，他被下放到 38 所农场劳动，边“劳动改造”，边等待组织全面审查自己的历史。

1961 年，刚参加工作时，王小谟凭借他的聪明与勤奋，参加工作不到两年，就独担大任，被任命为 583 雷达的副主持设计师。然而，10 年间，当初那个刚到南京 14 所踌躇满志的大学生，如今走进了连饭都吃不饱的黔南深山；当初那个年少有为的副主持设计师，如今头顶“反动学术权威”的帽子在山沟里的农场当起了农民。

峰回路转

常常是最后一把钥匙打开了门。

——钱学森

1972 年年初，“劳动改造”半年以后，王小谟等来了他的审查意见，组织没有从他的历史上找到硬伤，更为重要的是 38 所的雷达研制工作确实需要他，他被暂时“解放”了出来。但是因为国民党旧军官的家庭出身，组织还是不能完全信任他，他被内定为“控制使用对象”，属于有一技之长的

“被利用者”，有点戴罪立功、以观后效的味道，但总还是峰回路转让他看到了希望。

王小谟从农场回到了 38 所，属于绝密级国家重点任务的 382 雷达项目已经和他再没有任何关系了，曾经日夜率队攻关的各种场景都已经好像变成了一场热闹而虚幻的梦。然而，天道酬勤，对于忠实努力、自强不息的人，老天都会眷顾到。因为王小谟一直以来在专业上过人的表现，他被破格使用，被任命为密级较低的 383 雷达的主持设计师。从 1972 年接受任务，到 1977 年研制出样机，1978 年在北京进行试飞，再到 1984 年 383 雷达终于研制完成，被批准定型，当时的王小谟恐怕也没有想到，一件事情，他一干就是 13 年。后来的 382 雷达项目因种种原因下马，383 雷达反而成为 38 所的重点任务，也称得上是因祸得福。

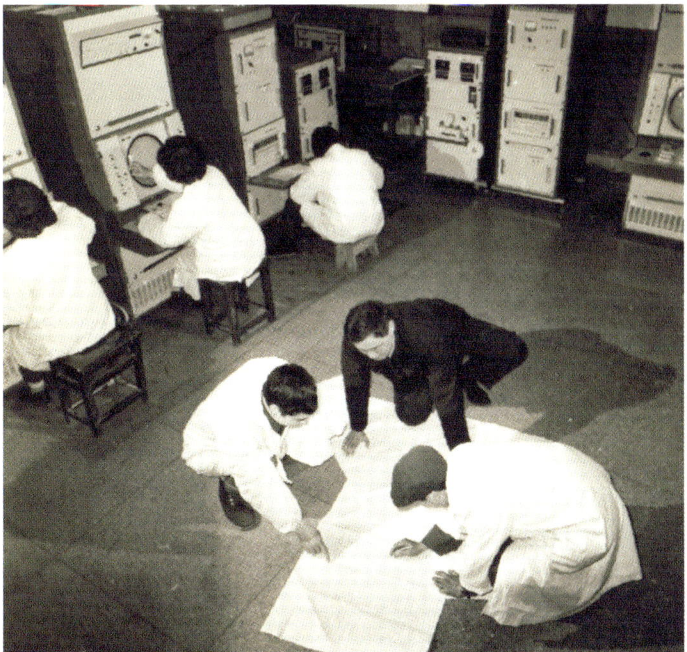

图为王小谟与他的团队正在工作

研制383雷达的13年，是王小谟带领他的队伍在穷山沟沟里不断斗争、不断胜利的13年。这13年里，几乎没有一天是容易的，王小谟后来回忆说，“我们每前进一步都会遇到困难。”以王小谟的“戴罪之身”，在穷山恶水里，要组织起一支队伍来不容易，要稳定住一支队伍，齐心投入到当时属于世界先进水平的三坐标雷达的研制中，更不容易。缺衣少食的困难不用说，在研制工作刚起步时，整个38所还处在边投产、边建设的时期，职工的生活配套设施极不完善，市场没有，医院没有，托儿所没有，子弟学校也没有。每逢星期天，职工们就得步行数十里前往王司、坝固、马寨、牛场等地“赶场”，最近的集市距离38所也有二十多里，远的集市来回就得近百里。从清晨五六点钟开始，38所职工“赶场”的队伍就成群结队地出发了，职工们肩背背篓，手挽竹篮，沿着山路，翻山越岭地去购买生活必需品。去的时候，背篓竹篮是空的，人还稍微轻松，返程的时候，每个人背上、肩上都负担着这一趟远途的采购所得，又是一程跋涉，回到住地的时候，早已是精疲力竭。“赶场”一趟，好几天都恢复不了体力。最初的七八年时间里，上至所领导、总工程师，下至最普通的员工，38所家家如此，无一例外。

许多职工有了孩子以后，由于实在没有人照看，只能把孩子带到所里，边搞研究，边看孩子。王小谟的长子出生时，岳母身体还允许，到山里来帮他们照看了一段时间。而当1970年他的次子出生时，家里老人身体也不好了，没有办法，夫妻俩去工作的时候，只好把二儿子拴在床腿上。王小谟这样的生活状态是383雷达研制队伍所有人的缩影，队伍中科研人员的精力很容易分散，毫无后顾之忧地搞科研是不可能的，简直就是忙碌中回头一看，满眼都是要操心的事。另外，山里消息闭塞，人们去趟都匀县城都很不容易，和国内大城市的联系就更加困难，要想了解国际先进水平的技术动态则更是难上加难，用王小谟的话说，这支在群山围绕中的科研队伍可以说是“孤陋寡闻”。就是在这样的条件下，王小谟能带着这支队伍最终研制出

383雷达关键靠的就是这种从不动摇的信念，靠的就是不把383雷达搞出来誓不罢休的决心。

山里的日子艰苦且单调，与外面的沟通往来少之又少，娱乐活动也非常有限，天黑之后，大山中苍茫静谧，只有38所的车间和研究室里透出星星点点的灯光。白天被耽误了的时间，科研人员总是用晚上的时间抢回来。对王小谟而言，下班回家吃饭，吃了饭又回去工作，这是常态。在山里，生活和工作是完全分不开的——因为在这里生活就是工作。

既然组织信任，把自己任命为383雷达的主持设计师，王小谟完全把自己“控制使用”的身份忘记了，夹着尾巴低着头、怕担责任而有所保留，这样做人对王小谟而言是不可能的，他又一次拿出了自己的执拗风格和“魔鬼”脾气，本着一定要研制出中国人自己的三坐标雷达的公心大义，在雷达设计方案的关键问题上，王小谟从来都是知无不言、言无不尽，不怕别人一时的不认可，他始终敢提想法，敢坚持到底，敢于负责。

在雷达设计方案上争论最为激烈的问题之一就是采用自动化技术还是继续沿用人工测高。因为有自己独守14所计算机房近两年时间里的研究积累，王小谟可以说是当时国内计算机领域的专家之一了，回想起这段经历，王小谟脸上仍遮掩不住的是骄傲与自豪。但是，当时绝大部分科研人员对计算机的认识还非常粗浅，完全无法想象以自动化计算机取代人工测高应用于383雷达上的情景。禁止在383雷达设计方案中使用计算机的最大压力来自用户。一方面源于用户对使用小规模IC故障较多的顾虑，很难站在时代前进的角度上，判断出使用计算机的广阔前景；另一方面则是因为在“文化大革命”的背景下，唯意志论盛行，人们形成了一种对人的力量的“迷信”，这种“迷信”使得有一些人不问青红皂白，坚持人的因素第一。争论到最激烈时，用户甚至做出“哪个雷达用了计算机，哪个雷达就是最不可靠的”的结论，用户派代表亲临现场“监察”。凭借自己对计算机的研究与掌握，以及对未来发展趋势的判断，王小谟无论如何都不同意放弃在383雷达上使用计算机。争执不下时王小谟选择了用事实说话。他专门组织了一次模拟试验，并且由用户安排一位实际操作水平非常高的技师读报，现场与计算机一较高下。模拟试验场上，由于数据批数多，时间又短，人工读报根本来不及反应，相比之下，计算机效率极高，读报准确。实践是检验真理的唯一标准，在事实面前，用户最终改变了想法，383雷达最终决定采用DJS-130小型计算机测高，王小谟的自动化设计思想终于在383雷达上得以贯彻。正是因为王小谟的坚持，才使383雷达成为国内第一个使用计算机的自动化雷达。

图为20世纪70年代研制383雷达的王小谟

383 雷达上是选用晶体管还是集成电路，这又成为摆在王小谟面前两难的问题。相较于技术相对成熟的晶体管而言，当时国内集成电路的规模很小，可靠性不高。1971 年，38 所就曾经购买过高达几十万元的集成和薄膜电路装出分机，然而，每次开机试验，集成电路板都会出现故障，试验效果很不理想。除此以外，当时的集成电路在全国范围内产量也非常有限，而一部 383 雷达整机需要使用的集成电路预计会有上万个，若 383 雷达果真形成装备了，难不成 383 雷达就要“用尽”全国的集成电路吗？最关键的问题就是，如此大量地使用集成电路，雷达的可靠性究竟怎么样？集成电路在电路干扰上到底能不能达到设计标准？真的上了战场，到底能不能正常工作？这些都是压在王小谟心上的大石头。在这种情况下，支持 383 雷达整机使用固体电路的人并不多，这一次，王小谟又成了“少数派”。由于有研制 583 雷达的经验，王小谟在如何大量使用集成电路，同时又能解决可靠性的问题上，心中早已有了答案。而关于数量和成本的问题，王小谟深深觉得，搞技术研究要始终用发展的眼光来看问题，从长远来看，数字化是电子技术的方向，数字电路更适合于大批量生产，其成本必然会不断降低。剩下的就是国内集成电路可靠性差的问题了，为全面摸清情况，王小谟专门派人到元器件厂，了解到前期之所以出现许多集成电路不过关的原因是错误地把“文明生产”当作“修正主义”大加批判，而当王小谟派人前往元器件厂了解情况时，厂里也已经是“换了天地”了，此前批判“文明生产”的风已过，集成电路的质量正在改进当中，可靠性还是有基本保证的。38 所对集成电路采取了严格的筛选程序，如此一来，终于为集成电路的可靠性上了“双保险”。经过反复论证、调研，383 雷达研制团队认为，从理论上分析集成电路的可靠性是高的，是值得依赖的。王小谟下定决心，最终拍板，383 雷达整机要上集成电路！

在 383 雷达设计的每个关键问题上，作为主持设计师的王小谟一直是承担巨大风险拿主意的那个人。如果决策成功了，那是作为主持设计师本身的职责所在。万一失败了，被“限制使用”的王小谟很可能会成为众矢之的，后果是万劫不复也未可知。但对一心想把383雷达搞出来，并且要搞到最好的王小谟来说，根本就不可能有这种明哲保身、藏着掖着的心态。王小谟聪明、有智慧，但在某些方面，他又单纯、可爱。对于技术研究这件事来说，黑就是黑，白就是白，有自己的判断和看法就要坚持，组织决定了就要克服万难做下去，这是对自己的科研事业的交代，也是对祖国和人民的交代。所谓“苟利国家生死以，岂因祸福避趋之”，说的恐怕就是这样的一种境界吧。

从1972年开始，王小谟一头扎进了383雷达的研制攻关中，他先后拿出了383雷达改动的初步设想，提出了样机信号数字处理的基本方案，发现并提出了采用Walsh函数多路复用作为383雷达图像传输手段，等等。1977年，王小谟主持研制的383雷达终于有了样机，步入集成试验的阶段。

问题又摆在眼前，山里没有进行雷达体制试验、系统联试和天线测试的整架试验场地。早在1971年，38所就曾经尝试修建雷达天线测试场，经过反复讨论和实地勘察，最终确定在所区的西北山上修建天线试验场。为此，38所征用荒山地44亩，专门修建了通往试验场的盘山公路，然而正式施工后发现，山上极其潮湿，长年雾气浓重，而且属于雷区，根本不适宜进行天线测试和整架联试。因此，38所在山里修建天线试验场的计划就此搁浅。到1974年年底，当383雷达天线和测试转台加工完毕后，最初在所内进行了半年多的波瓣测试，然而由于群山的遮挡，测试得出的数据让人难以置信。没有办法，1975年10月，王小谟决定将天线运往江苏句容14所专用的天线测试场进行复测。经过三个月的准备和跋涉，当王小谟和他的队伍到达句容天线测试场时，已经是1976年1月了。进行三个月的实测后，王小谟他们又需要将所有设备和人员装车转移。除去在山里浪费的半年多时间，从准备出发到测完运回，前后又耗时超过半年。1977 年 6 月底，当 383 雷达到了整架联试的阶段，山里缺乏雷达体制试验场地的巨大缺陷再次暴露出来。由于在所内联试不能全方位看到远处地物和航行中的飞机，1977 年 11 月，383 雷达装车 15 辆，行军两天，整体转场至贵阳进行联试。研制 383 雷达所付出的不必要的高昂的时间成本，成为王小谟心中巨大的隐痛。

1977 年 11 月，383 雷达安全转场到达贵州磊庄机场。长达两天的山路颠簸，也是一次运输试验，全面考验了 383 雷达的机动性能。在贵阳，383 雷达进行了三个月的稳定性与可靠性试验，大量观测过往飞机，发现和解决了 60 多个技术问题，并累积了丰富的实际操作经验。1977 年 12 月 27 日，空军专门组织了 6 个飞行架次的性能检飞，试飞结果证明了多波束三坐标雷达体制是成功的，383 雷达基本上达到了原定技术指标。虽然在试验过程中，发现还存在高概率下丢点、探测距离不够、比幅测高稳定性欠佳等问题，但 383 雷达在克服和解决以上问题后，依旧获得了赴北京进行试飞汇报的资格。经过五年多的日夜悬心，王小谟终于能够稍微安心地睡上一觉了。

至暗时刻

科学经历的是一条非常曲折、非常艰难的道路。

——钱三强

没有终局的成功，也没有致命的失败，重要的是继续前进的勇气。

——《至暗时刻》（2017，英国）

1978 年 3 月，在解决贵阳试飞遗留下来的技术问题后，383 雷达从贵阳出发运往北京通县机场。运载 383 雷达的是专门协调来的一列货运平板火车，为解决旅途上的伙食问题，启程的那天，王小谟他们从食堂打了两脸盆菜，准备路上吃。但火车刚开不久，因为一次紧急制动，把准备好的两脸盆菜全都打翻了，无奈余下的旅途只能靠着大家身上背的干粮充饥了。就是这列临时增开的列车，从山里开出来一路走走停停，带着王小谟奋斗了10多年的心血，终于踏上了去往北京的旅程。

在北京通县的试飞，对王小谟和他的团队来讲“是一场攸关存亡的大考”。为全面检验383雷达的性能，总参谋部组建了由空军雷达兵部部长刘永福担任组长、四机部一局副局长杜智远担任副组长的试飞领导小组。38所参加试飞的队伍共60多人，由38所副所长陆启祥和383雷达主持设计师王小谟带队。

试飞的过程让人既兴奋又紧张。1978年5月18日，空军专门组织了一场针对383雷达的考核，到7月1日试飞结束，共使用20个飞行日，出动飞机60架次。通过这次较大规模的长时间检飞，再次证明多波束三坐标雷达体制是成功的；双脉冲数字动目标显示用于反地物，对消效果较好；计算机的应用大幅提高了雷达对付多批敌机的能力；微波图像向50千米外指挥所传递图像信息的办法可行。一连串的好消息证明，试飞达到了预期目的，383样机的研制获得了成功！在通县试飞期间，总参谋部、国防科委、空军、四机部，以及各大院校、工厂几十个单位，1300多人参观了383雷达，人们都兴奋地想来看看，中国人自己研制出的三坐标雷达到底是什么样。试飞领导小组组长刘永福、国防科委科技部部长李国枢的评价是“383是一部好雷达！”王小谟松了口气，自己一直以来非常担心的雷达的自动化数字处理和反干扰问题都得到了肯定，雷达自动化终端系统的可靠性在实践中得到了充分验证，原来一些抱着怀疑态度的人的疑虑也正慢慢被打消。王小谟爽朗又轻松地笑了，38所全所上下6年多的辛苦总算是有了结果。

然而，就在383雷达在通县试飞高歌猛进，看上去坦途一片的时候，在试飞过程中发现的雷达在某高度威力不足的问题差点让383雷达就此下马。因为试飞过程中，383雷达的这部样机在某高度下常丢点，被认为威力不足，在试飞期间，始终没有拿出很好的解决办法。有人就此判断383雷达可靠性差，完全不能装备部队，要求放弃383雷达的研制，直接购买美国的AN/TPS-43雷达。耳边的赞扬声还没有散去，彻底否定383雷达的意见就已经甚嚣尘上了。对于就此下马383雷达，作为主持设计师的王小谟无论如何都无法接受。为研制出这部样机，国家投入了大量经费，在382雷达因为种种复杂原因中途夭折后，38所举全所之力支持383雷达的研制。这部雷达不仅仅是王小谟一个人的心血，更是全所一千多人的生机所在、荣誉所在。对于样机存在的威力不足的问题，王小谟完全有信心、有把握解决好。争论到最激烈的时刻，空军雷达兵部部长、试飞领导小组组长刘永福坚定地支持了王小谟和他的队伍，刘永福鼓励王小谟和383雷达研制团队，让他们开动脑筋，一定要造出中国人自己的三坐标雷达。

通县试飞时的赞誉和那时些许的轻松感此时都已不复存在，历经383雷达行将下马的生死考验后，王小谟下定决心，咬紧牙关也要把试飞期间发现的问题都解决掉，而且还要精益求精。根据试飞期间的数据分析，对设计方案进行大幅度改动，让这部属于中国人自己的三坐标雷达更加可靠，向无限完美的标准逼近。由于样机的威力问题左右着383雷达的生死命运，这个问题很自然地吸引了人们绝大部分的注意力，但王小谟自己心里有数，在这次通县试飞过程中暴露出来的一些问题，说明383雷达的这部样机在可靠性和可维护性上的确存在问题。比如，在一次空军部队参观的过程中，因为一个电源的电压变化，导致出现整机故障，在现场整整用了三天时间才解决了问题，为此产生了不利的影响，甚至有人对这部雷达的信心都有了动摇。还有一次，试飞的飞机已经上天，但样机的天线却启动不了了，当时现场组织了十几个人靠着人力推的方式才启动了天线，勉勉强强地应付了试飞。

在一次接待空军首长参观的过程中，由于天气炎热导致微波机过热，而微波机当时装在10多米高的铁塔上，为了保证雷达的正常工作，主持设计师王小谟只好自己爬上铁塔去打开盖子冷却微波机。曾经出现过的这些问题让王小谟深受触动，参观、试飞的时候掉链子，可能还只是让王小谟感到脸红和汗颜，但如果是在战场上，自己研制出来的雷达万一又掉链子出问题了，那就无法向自己的良心交代，更无法向国家和人民交代了。因此，王小谟暗下决心，不管有没有人提，雷达的可靠性、可维护性的问题都必须整改到位，否则，决不能交给部队使用。

另外一个让王小谟觉得非解决不可的就是简化操作的问题。雷达运到通县后，空军部队派了16名战士用了九个月的时间来熟悉掌握这部雷达。但结果却是，这些人因为是技术的门外汉，即使用了九个月的时间，还是不能熟练掌握雷达的操作使用方法。这引起了王小谟的深深思考，现在的这个样机还是太过复杂，对使用者的专业水平要求太高，甚至连38所的技术人员，能够熟练掌握操作方法的也不多。王小谟迫切地想要在383雷达的改进中对这部雷达操作方法进行简化，他想要打造这样一部雷达——对用户的专业性完全没有要求，就像打开电视机一样，用户根本不需要懂得它的深奥原理，但却能够非常熟练地操作和使用它。通县试飞期间，完全没有人谈到这个问题，但是王小谟却感到雷达操作改进这个问题的压力比威力问题的压力要大得多。因为如果这个问题没有解决，即使威力问题解决了，雷达定型投产、装备部队后，用户却掌握不了、不会用、不好用，那既是对国家财力、人力、物力的极大浪费，也是对战场上战士生命的极度不负责任，甚至会成为国家和民族的罪人。因此，即使很多人认为没必要在这个问题上浪费精力，王小谟还是决定这个问题必须要整改到位，交出去的装备就必须要保证部队能用、好用。

1978年10月，从通县回到山里的王小谟一刻都没停，拿出了383雷达的改进方案，这次方案计划对试飞时的样机进行大幅改动，提出了包括采用频率分集等12项重大改进措施，此前所有失败和成功的经验都变成王小谟大刀阔斧地改进383雷达的基础。1979年2月23日，总参谋部和国防工办批准了调整后的383雷达战术技术指标，此后，383雷达的正样研制正式开始。

从1979年下半年开始，383雷达的正样研制进入专题试验阶段，王小谟密集组织开展了频率分集体制试验、低噪声场放保护试验、显示样机试验、反射体模拟加载试验、车厢空调模拟试验等一系列专题试验。其中难度最大、规模最大的，就是1979年11月至1980年年初在武汉进行的频率分集模拟试验。频率分集的改进设想是王小谟提出的，而对于383雷达在经过频率分集后究竟能改进多少，最终能否达到用户的要求，这一切还需要用试验来检验。武汉四个多月的试验，堪称王小谟人生的至暗时刻。理论上，王小谟认为自己的改动思想没有问题，但试验结果却证明威力问题没有得到解决。王小谟虽然从不害怕遇到问题，但无论如何都找不到解决办法，这让王小谟近乎绝望。试验现场，大家都盯着他，等他拿出解决办法，但试验结果却一次又一次地令人沮丧。屡战屡败，王小谟第一次觉得自己好像走进了死胡同，他觉得自己已经用尽了全部的智慧和力气，但结果却还是不能如人所愿。长江穿过武汉三镇，浩浩荡荡而过，此时的王小谟甚至真想纵身一跳，把自己淹没到滚滚的长江里，就此一了百了，烦恼全消。自己的轻轻一跃可能从此便无知无觉，抽身而去，但留下的不仅是38所近十年研制383雷达的大摊子，还有自己的妻子与两个孩子，王小谟不能、更不愿再退，他咬着牙坚持着，从屡战屡败中走向屡败屡战。

正如王小谟日后回忆起这段日子所讲的那样，成功往往来自再坚持一下。在漫长难熬的黑暗中不断摸索着前行，正感觉自己深陷入山重水复疑无路的泥淖中时，凭着不断失败又不断向前的坚持，王小谟和他的队伍忽然迎来了柳暗花明，只一个偶然的机会，他们终于发现是因为雷达的12路接收机彼此有轻微干扰，影响了接收机的灵敏度，而这个干扰异常狡猾，总是随着频率的漂移时有时无，因此导致了雷达威力的时好时坏。终于找到症结后，王小谟解决了 12 路接收机间的轻微干扰，犹如漫漫长夜之后，黎明的曙光迎面照耀在身上。1980 年 1 月，经过 5 个飞行日、14 架次的威力试飞，在历经数不清的不眠日夜后，试验终于获得成功，采用频率分集被证明对提高威力和发现能力作用显著。王小谟咬牙坚持着又迈过了一道坎，把 383 雷达的研制带入了一个新的阶段，人生从此也进入一个崭新的境界。

孔雀

人生须知负责任的苦处，才能知道尽责任的乐趣。

——梁启超

生如孔雀，尽管一生再黯淡，平庸的岁月再漫长，也总可以等到开屏的瞬间。这样的瞬间，便足以将生命照亮。

——《孔雀》（2005，中国）

威力问题解决了，但对王小谟和他的 383 雷达的疑虑并没有完全打消。全国科学大会和党的十一届三中全会召开，党和国家的工作重心实现战略转移，党的指导思想和我国社会主义事业也开始了从“以阶级斗争为纲”转到以发展生产力为中心，从封闭或半封闭到对外开放，从墨守成规到各方面改革的三个根本性转变，邓小平同志在全国科学大会上关于科学技术也是生产力，四个现代化的关键是科学技术的现代化等重大论断，引领中国走进了科学的春天。打开国门后，迎面而来的巨大冲击，加深了中国知识分子要埋头苦干、迎头赶上的紧迫感，但也有人一时之间晕头转向，丧失掉自信力，对中国人自己的能力和技术抱有先天的怀疑。

许多人不相信中国人窝在山沟沟里搞出来的 383 雷达，先入为主地认定

383 雷达不如美国的 AN/TPS-43 雷达，与其耗费大量经费和人力自己研究，做出来的东西还不如人家，不如直接从美国购买，省钱省力，性能还好。用雷达的基本原理来衡量，雷达的威力取决于发射功率和天线面积，383 雷达的功率孔径比 AN/TPS-43 雷达的大，为什么探测距离会小？王小谟百思不得其解，他不信这个邪，想自己亲眼去看看，到底美国人的 AN/TPS-43 是不是真的就像他们讲的那么好。

机会终于来了。1981 年 2 月，王小谟作为总参谋部组织的考察团中的一员走出了国门，出国实地考察 AN/TPS-43。亲眼看过美国人的 AN/TPS-43 后，王小谟明白了，之所以国内有人迷信 AN/TPS-43，很大程度是受了兜售 AN/TPS-43 广告的迷惑，原来 AN/TPS-43 的威力是指对大飞机，能够达到 50% 的发现概率，而 383 雷达的指标是小飞机，可以达到 90% 的发现概率，指标差异是因为考核与鉴定标准不同引起的，并不是由于技术上的优劣造成的，按照同样的考核标准，383 雷达的威力比 AN/TPS-43 还要大。

图为 1981 年，出国考察 AN/TPS-43，左起第一为王小谟

这一趟没有白来，王小谟更加深信，我们这些炎黄子孙从来就不比外国人笨。考察回国后，383 雷达研制终于进入了快车道。1981 年 9 月，第一部 383 雷达正样运抵长沙岳麓山展开试飞。由于发射管的问题，在山上的试验进行了一年之久，王小谟的身体出了问题。腰部的剧痛困扰着他，直起腰走路都成了困难。长沙的夏季潮热，雷达 I 号车内温度更是高达 40 多度，王小谟被身体的剧痛与艰苦的工作环境考验折磨着，但作为试飞的全面负责人，他不能下山，试飞期间遇到问题、解决问题，他是主心骨。从 1981 年 9 月到 1982 年年底，在一年多的试飞和不断的调试中，383 雷达终于实现了工作状态的基本稳定。

图为 1981 年，和军代表一起，在长沙岳麓山试飞，左起第一为王小谟

1983年，在给空军试用两部383雷达半年多之后，经过用户的实践检验，383雷达终于被认定具备了设计定型的三个条件，即性能指标符合要求、配套产品和原材料国内能够解决、技术文件资料也已完备。1983年11月17日，航空军工产品定型委员会在都匀召开383雷达设计定型会，11月29日至12月9日，空司雷达兵部和电子工业部雷达局共同组织了技术鉴定会，383雷达全面通过了定型审查的各项内容。1983年12月12日至16日，383雷达设计定型会议在都匀隆重举行，共66个单位参加会议，正式代表131人，航定委委员、电子工业部总工程师王士光，以及空司参谋长、空司雷达兵部领导等出席了会议。会议的最后一天，383三坐标雷达（383雷达）正式通过了国家一级设计定型。1984年4月5日，国务院、中央军委常规军工产品定型委员会批复，同意383雷达的设计定型，将其命名为“引导雷达7型”，简称“引-7”。

十年磨一剑，王小谟的这把剑一磨就是十三年。从1972年下放的农场回来，王小谟开始着手383雷达的研制，到1984年正式设计定型，其中的甘苦实难为外人道也。这十三年中，王小谟没有一天不是顶着巨大的压力工作的，尤其是“文化大革命”期间，自己本来就出身不好，属于“控制使用对象”，一举一动都要倍加小心，有时单纯的技术问题、管理问题的争论，一不小心就有可能变成路线问题、政治问题的斗争，他如履薄冰，常常是在深渊的边缘艰难地前行。这十三年中，王小谟没有一天不在想办法克服艰苦的科研条件和生活条件带来的不利影响。地处黔南山区的38所，连器材供应都很困难。当时贵州地区的雷达器材配套率仅为5%，80%的器材都要由华东地区解决，新器材和新材料的供应更是难上加难。固态电路、接插件、130计算机、微带线、磁控管、液压元件、化工材料（特别是危险品），甚至是漆包线、铝材都曾经因为供应不上，又无处求援，而不得已放缓了383雷达研制的步伐。巧妇难为无米之炊，“巧妇”如王小谟者，在研制383雷达的过程中遍尝因38所不占地利而带来的种种艰辛，这也是为什么王小谟成为38所所长后，说什么也要把38所搬出大山的原因吧。除此之外，科研人员天天还要面对生活保障上的水、煤、菜“三大难”。贵州天多阴雨，一见太阳，职工就要请假回家打煤基，所谓的打煤基，就是把自己购买的原煤进行粉碎、挖土、搅拌、制作、晒干，经过五六道工序，做成土制的“蜂窝煤”。383雷达的主持设计师王小谟也得趁着天气好，带着大儿子王岷一起打煤基。此外，用水是困难的，吃上新鲜的菜是困难的，科研人员的孩子无人照管也是困难的。曾经有一段时间，王小谟队伍中九个研究室有五分之一的职工都带着孩子上班。凡此种种，王小谟都亲身经历着，都观察体悟着，他深深感到，任何事业长久的兴旺发达，都是要回归到人对于生活的美好向往上来的，要回应人对于过更好生活的强烈愿望，更大限度地激发出人的潜能，否则，最乐观的情况也只能是事倍功半。

“天将降大任于斯人也，必先苦其心志，劳其筋骨，饿其体肤，空乏其身，行拂乱其所为，所以动心忍性，曾益其所不能。”孟子之言，诚不我欺。1984年的“十一”国庆，在新中国成立35周年的阅兵式上，在燕山服役的383雷达参加执行空军飞行编队通过天安门的引导任务，完成情况良好，被评为“红星兵器”，受到空军领导机关的嘉奖。山沟沟里飞出来的蓝孔雀惊艳亮相，中国军队就此拥有了第一部通过设计定型投入使用的新型三坐标雷达。

乌云散去，荣誉纷至沓来。十三年的苦心志、劳筋骨、饿体肤，十三年的动心忍性、曾益其所不能，一时之间王小谟受到诸多表彰。383雷达采用了许多新技术，如数字技术、计算机技术在雷达上的应用及自动录取技术等，在国内均为首创。1984年荣获电子工业部科技成果特等奖，1985年荣获国家科学技术进步一等奖。王小谟个人于1983年荣获电子工业部“电子工业科技先进工作者”称号，1984年荣获贵州省政府“劳动模范”称号。

对383雷达的种种疑虑被打消了，对主持设计师王小谟作为科研工作者能力的怀疑也几乎一夕之间烟消云散。然而，荣誉的背后是更大的责任，主持设计师这个角色王小谟担当得不错，专业过硬是不是就代表他能够成为一个合格的管理者，能够担当得起一所之长呢？在前方等待王小谟的将又是更加艰难的一程。

乘风破浪

也许过去的一年，你曾被风浪拍得颓废失意，但新的一年，愿你乘风破浪。

——《乘风破浪》（2017，中国）

1978年是中国命运的大转折之年，改革开放犹如一声春雷，混乱却又沉闷的中国在历经十年动乱后，找到了建设中国特色社会主义的新方向。1980年，国民党旧军官家庭出身的王小谟终于摆脱了沉重的政治包袱，他在这一年加入了中国共产党，这距离王小谟第一次递交入党申请书已经过去了二十多年。随之而来的是组织给予王小谟的更大信任，同年，王小谟被任命为38所总工程师。1985年12月，47岁的王小谟被任命为38所所长。这个所长当的颇有那么一点临危受命的味道。当时的38所矛盾重重，当所长就要有熬得过“架在火上烤”的能力和本事。走马上任后，王小谟大刀阔斧地进行改革，干成了许多事，自然而然也得罪了许多人，把自己推上了风口浪尖。

进入20世纪80年代以来，计算机已经成为雷达设计的核心，系统设计成为必须，由全面综合各项技术向全部自适应和智能系统过渡成为必然趋势。然而，38所的组织形式却依旧停留在20世纪50年代初以苏联为样板组织起来的架构上，不利于开展系统设计，科研人员把大量宝贵的精力浪费在了开会、扯皮上，而合理的设计向落后的组织形式妥协投降的情况也时有发生，这一切束缚和捆绑着科研人员的手脚。另外，由于长期处于深山，对外交往不多，二十多年的内部循环，使得38所俨然一个自成体系的“小社会”，其间故旧姻亲，你中有我，一荣俱荣，关系错综复杂。加之消息闭塞，人们的思想保守，平均主义和大锅饭的思想盛行，劳动效率低下。1986年年初，王小谟上任不久立刻就启动了机构和人事改革，他将车间和研究室重新组合，把原来按专业设置的9个研究室和工艺科调整为8个研究部，把原来7个生产车间改组成两个加工部和两个加工车间。调整后，原来的42个单位缩编为38个，其中24个为处级单位，14个为科级单位。

在机构调整的同时，重新任命了全部干部。原来的107名中层干部缩减至89名，31名中层干部在这次调整中被免除职务，改做具体技术业务工作或任协办员。王小谟的这一举措大大加速了38所干部的新老交替，提升了38所干部的文化水平，调整后，38所中层干部大专及以上文化程度由原来的48%上升到54%，工程师以上职称的人员从原来的54%上升到63%。王小谟的大手笔让整个38所为之震动，这次机构和人事调整的幅度之大、涉及面之广，前所未有，在所内引起极大反响。王小谟“烧了一把火”，但他是不怕引火烧身的。在落实知识分子待遇和收入分配的改革上，王小谟同样不遗余力。他打破过去大锅饭的做法，顶着巨大的争议，采取按贡献分配，对技术尖子给予浮动两级工资的待遇，而对于长期不干工作，甚至连劳动纪律都不能很好遵守的人，就先进行黄牌警告，如不改正，则清理出所。1986年，王小谟主持确定了按照岗位职责考核，乘以规定系数的奖金分配办法，当年的奖金发放额突破50万元，整体比1985年增加29%。由于采取了按贡献分配的办法，引起了一些人的不满。王小谟继续坚持己见，又把按贡献分配的思路也同样贯彻到了住房的分配上。过去，38所职工分房主要看家里人口的多少、工龄的长短，有的人仅仅因为家里人口多就能分到宽敞的大房子，而许多知识分子大多仅仅因为家里人少，或者工龄短，就只能挤在逼仄不堪的小房子里。王小谟制定了新的分房政策，按职进档、按分排队，关键还要看对所里做出了什么贡献，贡献有多大，凡拒不执行所里的新分房政策，没有按期腾退房屋的职工，一律于次月停发工资。

一石激起千层浪。一时之间，习惯了供给制、平均分配的人坐不住了，整个38所物议沸腾。改革是要重新分配“奶酪”的，若要求所有人都有大局观，能够站在更加长远的角度来看待“奶酪”重新分配的种种创举，是不可能的，毕竟对在改革中利益受损的人来讲，“今不如昔”是切身感受到的痛感，长远的好处没有看到，眼前的“奶酪”是万万动不得的。加之当时尚处于改革开放初期，许多人的思想还没有冲破过去的种种束缚，对于改革中破除领导职务终身制，收入上按劳分配的大胆探索等，都让这些人从思想上无法认可和接受。“王小谟到底要干什么？！”“他这样把38所搞得天翻地覆，当这个所长究竟是靠‘工人’还是靠‘知识分子’？！”“究竟是‘工人养活了38所’还是‘知识分子养活了38所’？！”诸如此类的尖锐争论在全所蔓延沸腾开来。大刀阔斧、锐意进取的人事调整改革与当时正触动人们敏感神经的38所迁建问题相互缠绕叠加，一时间，对王小谟的改革举措和他个人的质疑、非议甚嚣尘上，有人攻击起王小谟来不遗余力，无所不用其极，有的甚至编造桃色新闻诬告他、抹黑他。有人觉得，王小谟干技术确实能行，但当所长他必然不是这块料。

搞改革一定要做好“我不入地狱谁入地狱”的充分思想准备，必须要有那么一种“牺牲我一个、幸福千万人”的胸襟与境界，只要认准了是有益于长远与大局的事情，哪怕暂时被人戳脊梁骨，也一定要咬紧牙坚持做下去，因为，时间和人心总是会还以公道的。王小谟主导的改革推行了一年多，由改革引起的巨大反弹对王小谟极端不利，用王小谟自己的话讲，“这个所长眼看就不让我干了。”就在这个关头，来自北京的支持给王小谟吃下了一颗定心丸。搞技术，他能让山沟沟里飞出蓝孔雀；当所长，他也一定能够杀出一条血路，让 38 所焕发新生。

1987 年 8 月，作为全国范围内 14 位有突出贡献的中青年专家之一，王小谟受邀到北戴河休养，并受到邓小平同志的亲切接见。能够见到小平同志，王小谟内心激动澎湃，他带着妻子张湘云，一身轻松地到了北戴河，看着党和国家领导人慈祥的面孔，握着小平同志宽厚有力的手掌，贵州山里的一切忧烦愁绪、人事龃龉都好像被这清爽的海风吹走了。

接见过程中，小平同志与 14 位中青年专家一一握手，他亲切地说，“你们是新中国自己培养出来的，有突出贡献的中青年专家，为祖国的繁荣与发展做出了巨大贡献，向你们表示由衷的敬意，通过你们，向全国的科技工作者表示衷心的感谢！”王小谟身在其列，如沐春风，曾经过往中自己的不被理解，甚至是被攻击而带来的不快与郁闷雪释冰消——只要自己做的是对党和国家有益的事情，党和国家就不会忘记你。

从北京回到贵州，王小谟又参加了由时任贵州省委书记胡锦涛主持召开的专家座谈会。再回到深山里的 38 所，王小谟才终于又站稳了脚跟，没有被人从所长的位子上挤下来。既然仍在所长这个位子上，那就要继续干事，王小谟必须啃下更硬的一块骨头。

第三章　走向合肥

新世界

来而不可失者时也，蹈而不可失者机也。

——【宋】苏轼

生命的意义并不在于你能够活多久，而在于你怎样活。

——《新世界》(2013，韩国)

担任38所所长的王小谟眼下必须要解决的一个非常棘手的问题就是38所整体搬迁的问题。这个问题从改革开放后就被提上了议事日程，但近十年间，换了四届所领导班子，选了常州、芜湖、镇江、沙市等多个迁所地址，38所依旧没有搬出大山，而迁所方案每反复提出一次，所里的人心就震动一次。到1986年，迁所已经是全所人心所向，势在必行，如果不迁所，这个研制出383雷达的研究所很可能就会被困死在大山里。

改革开放后，相较于三线建设时期时刻要备战打仗的紧张气氛，邓小平做出了“大仗几年打不起来”的战略判断，对美苏之间两强争霸的格局，邓小平认为，这两个超级大国谁也不敢先发动战争，中国不应该自己吓唬自己，把精力都集中在打仗上，这样就会影响四个现代化建设。1983年，国务院成立了三线建设调整改造规划办公室，其任务是从国民经济发展的全局出发，本着合理配置生产力布局，促进专业化协作，促进部门、地区、企业之间的相互联合的要求，提出三线现有企业的调整和技术改造规划[1]。1984年，国务院三线建设调整改造规划办公室对选址存在严重问题的单位提出了“关、停、并、转、迁”五种调整方案[2]，38所即属于钻山太深，难于继续组织生产和开展科研工作的单位。

从1974年开始，383雷达先后组织过6次大型野外试验，由于都匀山里既缺少场地，又无法满足试验需要的各项条件，每次试验都变成了一场跋山涉水的人和雷达的大迁移，从南宁到南京，再到贵阳，远涉千里，往返多次，不仅费时耗力，而且花在运输上的钱也是一大笔开支。在383雷达的研制过程中，383雷达累计在外地工作时间长达四年零三个月，占样机研制周期的56.6%。在颠簸的路上，王小谟无数次地琢磨，研制383雷达每次都要在寻找恰当的试验场地上耗费如此大的精力、如此多的时间，日后如果研制比383雷达规模更大、更加复杂的雷达，天线测试、整机联试和试飞鉴定这样绕不开的问题又该如何解决？辛苦劳累根本不用考虑，关键的问题是花费了大量时间和经费，拉长了科研进度，效率极低，得不偿失。

另外，雷达研究所具有知识密集、技术密集和资金密集的特点，要采用大量新技术、新材料、新器件和新工艺。雷达研制对器材的要求是新品多，变化大，数量少，而且要得急。但在都匀，新品配套能力很差，本地区雷达器材配套率约为5%，绝大部分器材需要向华东地区求援解决。这样一来，备料周期要拖长1~2倍，既影响了研制的进度，又增加了研制的成本。

大山层层阻隔，人才人心难留。如果仅仅是这些困难还是可以咬着牙克服的，可是改革开放后，来自大山外面的巨大冲击，则让38所因为人才的迅速大量流失面临着异常艰难，甚至自行解体的发展困境。1979—1985年，38所累计调出干部296人，工人和一般行政人员122人。其中，各种专业技术干部241人，工程师或具有相当于工程师职称的人员160人，中层以

1 陈夕．中国共产党与三线建设[M]. 北京：中共党史出版社，2014: 288.

2 陈夕．中国共产党与三线建设[M]. 北京：中共党史出版社，2014: 299−300.

上干部 35 人。地处“三线”，38 所走人容易，进人难，留人就更难了。当时全贵州范围内都存在人才大量外流的现象，被戏称为“孔雀东南飞”，而 38 所无疑就是这种现象的缩影，大量在实践中培养成熟的技术人才迫不及待地飞出了深山。因此，当王小谟在 1985 年年底被任命为所长时，38 所有本事、有办法的人正在不断流失。据统计，1985 年技术人员占所里职工总数的比例仅为 27.6%，而在 1970 年这一比例是 41%，1979—1985 年，大约有 30% 的技术骨干从所内流出。

另一方面，暂时留下来的人也是躁动不安的。一天晚上，王小谟刚吃完饭，就听到有人“咣咣”砸门，他过去刚把门拉开，外面的人就冲了进来。眼前的人是与自己一起在 38 所工作多年的同事，只见他怒目圆睁，一手握着敌敌畏，一手扬着离职文件，对王小谟吼道：“王所长！你要是今天不给我签了这个文件，放我走，我就立刻喝了这瓶毒药，死在你家里！”

来人歇斯底里的状态也让王小谟心中一惊，但他旋即定下神来，劝对方冷静下来，不要冲动伤害自己。经过王小谟做工作，这个人最终冷静下来。风波表面上平息了，但有人不惜以死相逼也要离开这苍莽大山，这一幕还是深深震撼了王小谟——困守深山不能给自己的职工希望，更不利于 38 所的长远发展，一定要在多届前任所长努力的基础上，尽快把 38 所搬出大山，这是自己这个所长的责任。

迁建 38 所第一次被提出是在 1978 年。1978 年 8 月 31 日，当时的所领导班子向上级党委建议 38 所调整迁点。同年 9 月，时任四机部部长钱敏到 38 所视察，时任所长张毅当面向钱敏报告了在山沟里开展科研工作的困难，并建议调整。但当时得到的明确答复是，基于各种原因，对 38 所的调整问题暂不予考虑。1979 年 7 月，38 所再次向上级领导机关呈送“关于我所基本情况和调整的意见”，建议将 38 所迁至沪宁线上的某个中等城市。1980 年也曾有全国政协委员代 38 所在全国政协会上建言，提出第 756 号提案，呼吁“将一个实力雄厚的现代化雷达技术研究所从自生自灭的自然淘汰状态中拯救出来”。

1982 年，新组建的南京雷达研究中心成立，同年，当时一起从 14 所分散到贵州大山中，同 38 所相隔不过 10 里路的 37 所搬出了大山，技术人员分批迁回南京。这一切深深刺激了还在黔南深山里的 38 所职工，引起所内职工思想的急剧动荡。到 1982 年年底，又有 153 名技术人员、108 名技术工人调离，另外还有大约 40% 的技术人员要求调离。一时之间，职工队伍极度不稳。同年 2 月，时任所长王福如赴京进行专题汇报，向上级反映情况，取得了上级机关的理解和支持。1982 年 11 月，安徽省政府对 38 所来皖表示热烈欢迎，38 所整体迁往安徽合肥的方案基本确定下来。但是由于国家计委、四机部、国防科工委，以及贵州省等国家部委、地方政府之间关于 38 所调整方案的意见分歧，38 所的这场牵涉七个部委、两个省的大调整从 1982 年年底一直拖到了 1985 年。

千呼万唤始出来。1985 年 1 月，经过多方复杂的谈判与沟通，国务院三线调整办公室终于以（85）国三发 1 号文致函国防科工委，正式批复“同意你们对电子工业部 38 所迁址问题的意见。”至此，经过近十年的努力，历经了四届所领导班子，38 所调整并确定迁往合肥方案才算尘埃落定，板上钉钉。

1985 年 3 月 12 日，时任电子工业部部长江泽民到 38 所视察，他说：“现在调整定了，可以更好地稳定人心，对工作有利。调整的事要很快部署好。”这一年的 12 月，刚过 47 岁生日的王小谟被任命为所长，他所要干的头等大事就是要把调整的事很快部署好，并且要一边抓好迁建，一边保证科研生产任务的完成，这两者缺一不可，科研生产任务如果完不成，迁建 38 所的意义和价值就会为人所诟病。

迁建是要花钱的。钱从哪里来，这是摆在王小谟这个新任所长面前的一大难题。根据电子工业部 1985 年 10 月批准的 38 所上报的设计任务书，规定 38 所迁建总投资为 2800 万元，其中，拨改贷 1680 万元，三线办补助 560 万元，38 所自筹 560 万元。当时，电子工业部下属的 64 个三线单位需要调整，缺口达 9 亿元，搬迁资金主要靠各单位自筹，资金筹不出来，单位就搬不出来。到 1986 年 6 月，电子工业部决定将 38 所自筹经费再增加 140 万元，由 560 万元增至 700 万元。

钱，始终是压力。设计任务书上写的资金数额是一回事，实际需要负担的资金数额又是另一回事。当时总征地费用就已经高达 691.23 万元，计划总投资的 2800 万元，只征地一项就已经占去了四分之一，而要用余下的投资完成新所 6.8 万平方米建筑面积的建设，可以说是难上加难。此外，20 世纪 80 年代中期，经过近十年的改革开放，从 1984 年下半年开始，我国出现了经济过热、货币发行过多、国民收入超额分配等问题，市场零售物价总水平从 1984 年的 2.8% 骤增至 1988 年的 18.5%，其中，与基建息息相关的“三材”（水泥、钢筋、木材）价格也同步飞涨，因此，虽然设计任务书上划定的 38 所自筹指标是 700 万元，但其所要负担的却远远超过这个数字，考虑到价格上涨、通货膨胀因素，至少要多拿出 300 万~400 万元。这对于在山沟里年收入还不足 1200 万元的 38 所来说，是巨大的经济压力。

搞不搞得来钱是关系到 38 所能不能搬出去、能不能生存下去的大问题。王小谟深深知道，38 所迁建的问题越快解决越好，否则只能是越拖越难。为统一全所思想，1986 年 10 月，王小谟主持召开了 38 所史上第一次全所职工代表大会。在会上，王小谟是心怀一片赤诚，完全坦诚相见的，他理解职工们对于未来的忧虑，他也深信这些曾经苦战在“三线”的科研人员对 38 所的深厚感情，对雷达事业的忠诚。他向职工代表们表示，38 所全所上下要在未来几年进一步“勒紧裤腰带”，1986 年要在 1985 年的基础上，实现行政费和科研管理费压缩 10%、科研材料消耗减少 16%（100 万元 / 年）、库存小于 500 万元、能源及其他材料消耗下降 20% 的目标，而在短期内“过紧日子”是为了从长远上实现 38 所的更好发展，重点就是要争取在 1989 年完成迁建任务。全所要“勒紧裤腰带”，绝不意味着干事要缩手缩脚，在王小谟的战略谋划中，该干的事不仅一件都不能少干，还要放开手脚大干一番。王小谟向职工代表们阐述了38所未来的发展，他强调，要以提高全所经济效益为首要目标，增强产品活力，保证完成指令性产品计划，未来五年内要实现年产值1200万元，其中民品产值200万~300万元，人均产值7500元。大会的最后，王小谟非常激动，他推心置腹地说："同志们，搬迁是38所干部职工的梦想。目前问题很多，压力很大，还有大量的不确定因素，实现目标非常困难，需要广大干部职工的大力支持。我相信，只要我们共同努力，这个目标一定会实现，这个目标一定能实现！"

职工代表们沸腾了，全所职工沸腾了！期盼多年的迁建问题终于有了盼头，虽然迁建路上依然充满艰难险阻，但王小谟这个所长有办法、有魄力、有担当，在他的带领下，大家认为38所已经走在通往更加光辉的未来的路上！

图为1986年，王小谟在38所第一次召开全所职工代表大会

思想统一后，人心齐的力量是可以撼动泰山的。按照王小谟发展出口装备创汇的思路，在全所职工的共同努力下，38所走出了一条成功推销概念再到产品样机、由国外到国内的新路子，自主研制生产了YJ-9、384等先进雷达，成功开拓了埃及、津巴布韦、泰国等国际市场，出口创汇达2900多万美元，创造了中国雷达出口的新奇迹。到1987年，38所全所总收入达到1800万元，净积累逾600万元，迁建合肥840万元的基建指标也已超额完成，在两年的时间里，不仅解决了38所迁建合肥缺金少银的要命问题，更实现了38所的跨越式发展。

要顺利搬出大山还必须要处理好与地方政府的关系。起初，贵州省并不愿意38所这样一家中央驻黔军工单位迁调出省。1984年8月，国务院三线调整办公室召集有关省市和工业部门代表，召开了研究三线调整项目的专题会议，会上，贵州省代表对38所调整出省表示坚决反对。他们表示，贵州17.5万平方千米的土地，处处可以让38所选用，一片深情，溢于言表。

一个想走，一个要留。38所确定调整前往合肥后，与贵州地方政府的关系就更加微妙了，但贵州人民在关键时刻展示了胸怀和气度。1985年12月18日，新上任的贵州省委书记胡锦涛在黔南州委书记邱跃国、都匀市委书记梁登峰陪同下，到38所视察参观。胡锦涛对这个在山沟沟里研制出三坐标雷达的研究所倍加赞扬，临上车离开时，胡锦涛对38所的同志说："你们来贵州是事业的需要，贵州人民欢迎；迁出去也是事业的需要，贵州人民欢送。"他又转过头特别对陪在身边的邱跃国、梁登峰讲道，"走的欢送，留的欢迎。要帮助38所搞好调整。"至此，在贵州省"走的欢送，留的欢迎"的基调下，38所的调整工作获得了贵州省政府、黔南州地区政府的大力支持与帮助。

和地方政府的关系处理好了，与当地村民关系的处理则更加复杂棘手。从1969年38所来到大山，再到1988年将要搬出大山，近二十年的时间里，这个研究所与山里人建立起紧密又深厚的联系。山里的学校是这个研究所建的，山里的医院也是这个研究所建的，而为所里1000多名职工提供工作和生活上的物资保障，其实已经成为许多村民的生计所赖。要苛求每个村民都能想得明白38所为什么一定要搬走实在是太难的一件事，他们搞不明白，或者也不想搞明白，一直在这里好端端的38所为什么非得要搬出去？许多村民对搬走38所这件事无论是在感情上还是在理智上都无法接受。这对他们来说，就像把山村“跳动的心脏”骤然拿走一样。因此，在迁建的过程中，王小谟尽最大努力做到低调谨慎，全力避免挑动村民们敏感的神经。

1988年10月，经过两年的建设，合肥新厂建设基本完成，38所的整体搬迁工作正式启动。但怎么在不与当地村民发生激烈矛盾冲突的前提下，妥善地把这个有着1600余名员工、2500多台设备仪器的研究所安静地搬出大山又是一件费心费力的事情。这次搬家，王小谟一点东西都不想浪费。在山里累积了近二十年，38所科研生产涉及的装备物资种类繁多、数量庞杂，物资盘点和搬迁计划若稍有疏漏，不仅会使“勒紧裤腰带过日子”的38所雪上加霜，更是对国家资源的浪费。38所制订了20多项搬迁计划，除了重要的科研仪器设备外，各类电器、工刃刀磨具、营具及非消耗性的办公用品，还有消耗性的物资，如油料和化工原料，都要开列详细的清单，能搬走的必须要搬走，积压的、消耗性的要尽量就地使用完。对于复杂、烦琐的清点、搬迁，王小谟苦口婆心地对职工们讲道理，“当前资金有限，不能考虑马上换新型号设备，应该力求能用几年就再用几年。”

与物资清理盘点同步进行的，是敲定38所全体职工的搬迁方案。1988年10月，终于确定了全部人员分四批搬往合肥的搬迁方案，以前两批集中搬迁为主。方案一出，“谁去、谁留”的问题成了全所职工关注的焦点。作为所长的王小谟首先站出来，拍着胸脯跟全所职工保证：去、留完全服从组织安排，自己首先第一个做到！而对于职工中的谁去谁留，王小谟表示，要按照工作需要决定，按照搬迁不停产的原则，分批进行。对不好好工作的，甚至少数无理取闹的职工，不但不能去合肥，就是留在都匀也不保证给安排工作，情节特别严重的，则直接开除。

这个政策一出，给大部分的人吃下了定心丸，但对于另外一些人来说，无疑是引爆了火药桶。对于王小谟的人员搬迁方案，他们已经不只是暗藏在心中的不满了，表现出来的是火药味十足的明枪暗箭，甚至是正面的冲撞。做人难，要当一个想干些实事的领导就更难了。没有办法，该得罪的人就必须得罪，该挨的骂就必须挨，这些王小谟全都承受下来。否则蒙受损失的是38所的长远发展，是中国人自己的雷达事业。

1988年年底，距离38所第一批主体搬迁正式启动的日子越来越近。这段时间的白天，所长王小谟总要到村里走走转转，他对这片大地，对这片大山，对这里的人民是充满感情的，他想让老乡们放心——我这个所长还在，38所暂时搬不走。眼看春节将近，山里的节日气氛越来越浓，转过年来，将入己巳蛇年，中国人有把蛇尊为“小龙”的习惯，38所这条蛰伏在黔南山区的“小龙”，这条深得苍茫大山、淳朴山民厚养的“小龙”此刻已经蓄积好腾云而出的力量。春节一到，山里年味儿甚浓，乡亲们摆酒走亲，忙得不亦乐乎，王小谟决定就在这期间启动搬迁！

图为1988年年底，正在整体搬迁的38所职工

像军队开营拔寨一样，趁着茫茫夜色，载着38所第一批主体搬迁人员与设备的列车缓缓驶出站台。王小谟在站台上目送列车远去，内心充满对未来的种种憧憬，他没有走，他要负责殿后，必须要说话算话，是去是留，他完全服从组织安排，服从工作的需要。处理完后续事宜之后，王小谟才终于踏上了驶往合肥的列车。窗外的大山静默无言，渐渐向后退去，坐在车上，紧绷的神经终于可以稍微放松下来，王小谟真想好好睡一大觉，但心中思绪翻腾，无论如何都无法入睡。回顾这二十年的经历，真是光阴似箭。1969年来到贵州的时候，也正是寒冬，王小谟和他的战友们坐了五天五夜的闷罐车，下了车看到的是无言的大山，一个新的雷达研究所才刚破土，那个时候，他们除了对国家、对事业的满腔热情之外，几乎是一无所有。茅棚他们住过，食不果腹经受过，“文化大革命”的时候也没少挨整，但就是在这样的环境里，在这么一个穷山沟沟里，这支队伍没有输过志气！他们搞出了中国人的383雷达，如今列车轰鸣，他们又要走出深山，奔赴下一个战场。来，是为国；走，也是为国。少年时期那句“为了祖国学习”成为王小谟人生中最深厚持久的奋斗动力。

黑天鹅

知其不可而为之。

——《论语》

人生不谈目的，贵在行动。

——《黑天鹅》（2010，美国）

1987年11月，38所派遣人员随中国电子进出口公司（以下简称“中电公司”）赴埃及参加第三届埃及开罗国际防务展览会。在这次展会上，38所带去了 JY-8、JY-10、JY-9 三款雷达，其中，JY-8、JY-10 两款雷达已经成熟，到了设计定型或量产的阶段，而当时的 JY-9 只能说在技术上是成熟的，还停留在方案阶段，要去埃及参展时连一张实物照片都拿不出，还只是一部“纸上的雷达”。但王小谟还是决定要把这部中低空警戒雷达带到开罗国际防务展上去亮相，因为他对于这部“纸上的雷达”已经累积酝酿了近二十年，心里有底。

低空雷达的研制其实是第二次世界大战后各国都非常关注的问题。由于受到地球曲率的影响，直线传播的雷达电波只能在一定的视距范围内才能发现目标，也就是说，飞行目标只有高于“雷达水平线”飞行时才能被发现，否则，雷达就发现不了。加之雷达在探测低空目标时，各种背景杂波的反射信号很强，飞行目标的反射信号很容易被淹没在杂波中，这也大大增加了低空雷达探测的难度。因此，低空乃至超低空防御就成为第二次世界大战后各国防空体系必须要堵上的漏洞。

这一问题其实也一直都在王小谟关注研究的视野范围内。早在 20 世纪 60 年代末 70 年代初，王小谟就提出了关于《国外低空补盲雷达的情报调研课题》的建议，而他自己只要有时间就钻进所里的文献资料库，想要最大限度地利用山里的研究条件，在自己感兴趣的问题上探究出一个答案来。他身边还聚拢着一批志同道合的伙伴，他们相互探讨切磋，互相启发帮助，藏在深山的研究所里，展开对低空补盲雷达的研究探索。在他们的努力下，38 所整理形成了《关于防控体系中低空补盲雷达的情报调研综述》《国外低空补盲雷达文献专题目录》，并且开展了对国际重要研究成果的翻译，形成了《国外低空补盲雷达专题译文集》，他们还组织举办了一场关于国外低空补盲雷达的情报资料图片展，把一段时间内对低空雷达的学习研究成果总结出来，就这样相关的信息就慢慢地累积起来。所以，到 1987 年要把还是一纸设计图的 JY-9 雷达推向开罗国际防务展时，粗一看上去，好像有那么点异想天开，但对一路走来的王小谟而言，低空雷达的种子早在十几年前就种下了，苗虽然看上去还略显稚嫩，但根却早已深深地扎入沃土。

在研制 383 雷达的同时，王小谟也没有完全把自己的目光从低空雷达上移开。1983 年，在承担改进 571 低空雷达任务过程中，王小谟提出并完成了 571 雷达加装数字稳频单元 DSU 的方案论证，最终顺利完成了 571 雷达的改装。在改进 571 雷达的实践中，王小谟牛刀小试，检验着自己关于低空雷达的诸多设想。此外，自 1977 年起，38 所就开始了远程警戒引导雷达 384 的研制，这款雷达的主持设计师是王小谟进入 14 所时的恩师王福如。在 384 雷达研制的过程中，38 所已经在信号处理等数十项专题科研上取得了突破，已经能够掌握全相参 MTI 技术，为派生出低空雷达打下了基础。更为重要的是，完成 383 雷达研制后，38 所已经有了可以比肩世界先进水平的接收机、发射机和处理器，在此基础上，王小谟提出了“386 低空雷达的设想”，并多次主动向上级汇报，积极争取任务。虽然综合考虑各方面因素，上级暂时没有把国内研制低空雷达的任务交给 38 所，但研制低空雷达的想法却始终在王小谟的心中涌动着。

从 1986 年开始，JY–9 雷达方案就开始出现在国内的装备展览会上了。1986 年 3 月，素描绘制的 JY–9 雷达亮相在深圳举办的军转民成果展览会，1986 年 11 月，纸上的 JY–9 雷达又被带到了北京参加我国首届国际防务展览会……所长王小谟想要抓住一切合适的机会推介 JY–9 雷达，既要在实践中检验自己关于低空雷达的技术方案，磨一磨 38 所的低空雷达技术，还希望能够筹措一笔经费，以缓解因迁建而陷入左支右绌窘境的 38 所的燃眉之急。然而，JY–9 雷达在国内展会上并没有获得什么反响，鲜有人问津。

然而就在这个时候，一位西德青年开着飞机在苏联的一次冒险经历，竟然给了远在黔南山中的王小谟一次把 JY–9 低空雷达推向国际市场的机会。

1987 年 5 月 28 日，当时正在柏林出席华沙条约政治协商委员会的苏共中央总书记戈尔巴乔夫收到了一个让他既震惊又摸不着头脑的消息——这天下午 5 点，一位西德青年鲁斯特驾驶一架小型运动飞机，稳稳当当地降落在克里姆林宫墙外的莫斯科红场上。这个身着一套红色飞行服的小伙子一下飞机，就向在红场上散步的苏联人散发他的签名纸，直到这个时候，红场执勤的苏联士兵才如梦方醒。

事后的调查显示，这只是这个年轻人寻求刺激的一次大胆冒险，他最初还想把飞机直接降落到克里姆林宫里，但由于没有找到合适的降落位置，方才选择降落在红场上。然而，就是这个年轻人在红场上带着戏谑玩笑性质的惊鸿一现，引发了一系列恐怕连他自己都没有想到的连锁反应。这位年仅19岁的西德航空俱乐部成员，驾驶着一架美国制造的单引擎“赛斯纳172型”运动飞机，竟然就能够冲破号称铜墙铁壁的苏联防空体系，这让苏联颜面尽失，也让全世界大跌眼镜。苏联国防部长、苏联防空军总司令因此事被迅速解职。而更加引起人们思考和关注的是，为什么拥有号称地球上最大地面雷达防空网的苏联没能够发现并制止这架飞机？当时许多军事专家分析，鲁斯特的成功降落暴露了苏联雷达在低空防御上的巨大漏洞，鲁斯特正是凭借着高超的超低空飞行技术悄然飞抵莫斯科的。一时之间，低空防御成为全世界的热门问题，低空雷达的需求量激增。

怀揣JY-9雷达方案的王小谟敏锐地感到，这是一次难得的机会，要大着胆子走一条新路，趁着国际市场上的这股热劲，把低空雷达卖到国外去。因此，当中电公司邀请38所参加开罗国际防务展时，王小谟决定纸上的JY-9雷达也要作为一款产品参展，要把开罗国际防务展作为向世界展示38所也有研制低空雷达能力的窗口。

临行前，在准备各款参展产品的材料时，参展团成员无不对JY-9雷达感到底气不足，JY-8、JY-10雷达是成熟产品，自不待言，而整个JY-9雷达的介绍材料中，全都是手绘草图，连一张实物照片都找不到，给用户看这样的宣传材料，自己心里都打鼓，又怎么去说服用户呢？情急之下，甚至有人想出了用木头制作一个JY-9雷达的模型，再在外面捆上篷布，挑角度照几张照片的办法。这个办法一试，拍出来的照片看上去还真是那么一回

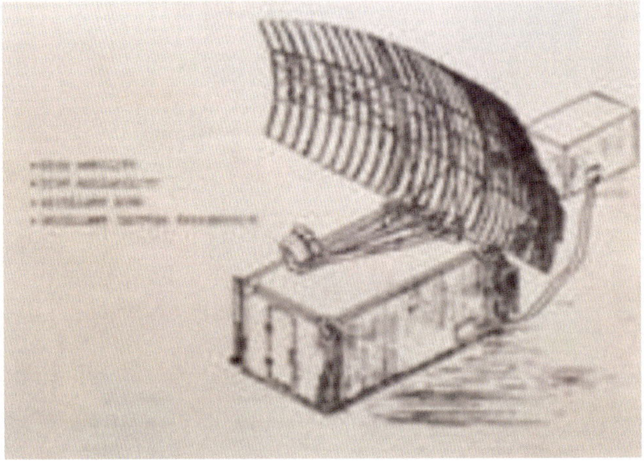

1987 年，参加开罗国际防务展时，JY-9 雷达还是一部“纸上的雷达”

事，但在展会正式开幕前，大家还是把这几张照片从 JY-9 的介绍资料里抽了出去，因为他们左思右想总感觉于心不安，一则，此次展会的主打产品是 JY-8 雷达，万一因为 JY-9 雷达介绍材料的瑕疵给用户留下不诚实的印象，恐怕得不偿失。二则，木头模型罩上篷布拍的照片，哪怕可以让用户相信，自己的良心上也过不去。素描绘制的 JY-9 雷达每一笔都是研究人员成果的累积、实力的明证，至于这几张被制作出来的照片显然是不能与之相提并论的，双方合作有时也要讲究“高山流水觅知音”的缘分，能够左右并影响双方信任的因素显然不是这几张照片。

1987 年 11 月，归国后的 38 所参展团成员向所长王小谟汇报，埃方明确表示，埃及军队已经装备了足够多的三坐标雷达，不再需要同类型产品 JY-8 雷达。同时，他们向王小谟反映，展会期间，埃方倒是对 JY-9 雷达表现出了浓厚的兴趣，但那个时候，谁也不知道这种兴趣是不是能够强烈到促成一桩国际军贸。

1988 年 3 月，距离参加开罗国际防务展已经过去半年时间，黔南山中冬日阴冷逼人的寒气渐渐退去，春天已经悄悄来临，几场春雨之后，新绿就迫不及待地漫山遍野地冒出头来。就在这个时候，埃及方面致函中电公司，表示将在 6 月派考察团来华，实地考察 JY-9 雷达。消息传到 38 所，就好像春雷在山中炸响开来，这既是新的生机却也让人暗暗揪心，心神悚动——埃及的考察团就要来了，但是雷达在哪里呢？

八十天环游世界

欲做精金美玉的人品，定从烈火中煅来；思立掀天揭地的事功，须向薄冰上履过。

——《菜根谭》

今天，我将超越人类的想象。

——《八十天环游世界》（1956，电影）

箭在弦上，再没有给王小谟和他的团队后悔退缩的余地。确定埃及考察团将于三个月后到访，王小谟主持召开了所里第一次 JY-9 雷达的专题会议。会上，不少人在暗暗担心，哪怕是满打满算，90 天以后埃及考察团就要来了，要在这 90 天里画图纸、订计划，生产出雷达的零件、整件、组件，再组装出一部雷达，这是闻所未闻、见所未见的事情，大家不免心中打鼓。会场上的王小谟却爽朗一笑，开口第一句就讲道，"哥们儿，没想到真的弄假成真了。"言语间难掩意外之喜的兴奋。所长的情绪和信心感染着会场的每一个人，越是背水一战的紧要关头，领兵之将就越要有稳坐钓鱼台的气度与胆识，否则，哪怕是他的一步退缩带来的都会是全军的丢盔弃甲。

然而，单凭勇气和胆量是远不足以实现这件"弄假成真"的事情的，要在 90 天内把这部"纸上的雷达"造出来，必须要沉下心来，以非常人之功打一场非常之战。王小谟迅速点将任命 38 所副总工程师匡永胜为 JY-9 雷达的主持设计师，并很快任命了 JY–9 雷达总体、各分系统，以及结构、工艺等方面的负责人，一支 JY–9 雷达的研制团队至此被正式组建起来。王小谟要求各部门划定 5 月 31 日为限，拿出一份详尽的工作计划来。当工作计划摆到王小谟的案头时，王小谟反复推敲琢磨。觉得这个计划还是不够周密，他动手把这份计划改得精确到天，要求各部门“问题不过夜”，一些关键的时间节点牢牢卡死，这些节点的工作内容、协作项目，哪怕是运输转运的过程也是巨细靡遗。他排出有关 JY–9 雷达出所前的 45 项计划安排，要求所有节点能提前的就要提前，而且只能提前，不能推后。在这段分秒必争研制 JY–9 雷达的时间中，王小谟将整个 JY–9 雷达样机的生产计划都烙印到自己的脑子里，昼夜琢磨，因为他深知，在这个环环相扣的计划中，不能有半点的脱节与疏漏。

王小谟心里明白，在研制 383、384 雷达技术积累的基础上，研制 JY–9 雷达的关键就在于重新设计天线。他安排时任 38 所副所长张德骞牵头设计制造 JY–9 雷达的超余割平方天线。在完成天线的工程设计、结构设计，终于形成加工图纸后，这支队伍又马不停蹄地冲到天线加工厂，守在天线加工制造的第一线，同工人师傅没日没夜地战斗在一起。在昼夜不分的 15 天拼搏后，JY–9 雷达的天线反射体，也是我国第一副双曲面雷达天线反射体在贵州的深山里矗立起来。

如果说，38 所自己内部的问题还大都在王小谟的掌控范围内，咬紧牙关无论如何都能够想办法克服，那么，一旦涉及与其他单位合作研制生产的关键元器件，不可控的因素就大大增多了，更让人感到不安。JY–9 雷达要采用最新型的前向波放大链发射机，大功率发射管是其中最关键的要害部件，可以说，如果没有大功率发射管，整个 JY–9 雷达几乎都无从谈起。为保证大功率发射管能按时供应，王小谟专程跑到北京的生产厂家，不仅同厂领导谈，更是一头扎到大功率发射管的生产第一线，同工程技术人员谈，同技术工人谈，凡一线人员的意见王小谟都记下来，仔细琢磨，并且尽最大努

图为 1988 年 6 月，正在实地考察 JY-9 雷达的埃及考察团

力帮大家解决。为了让厂家按时生产出大功率发射管，他同意预先支付给生产一线的工作人员一笔费用，让厂家能够安下心来，铆足劲儿按时把 JY-9 雷达需要的大功率发射管生产出来。

从 1988 年 3 月到 6 月，这几个月的时间短得让人来不及喘口气。转眼，埃及方面正式发出通知，6 月中旬将派出考察团，专程来华实地考察 JY-9 雷达。在 38 所的整架场里，JY-9 雷达的系统集成组装正干得热火朝天。6 月 16 日，当埃及考察团的飞机降落在北京首都机场时，JY-9 雷达还处在设备装车集成阶段，系统电性集成调试还完全没有开始。中电公司招待埃及考察团在北京游览两天，为 38 所争取了两天的时间。两天过后，北京逛得差不多了，必须要启程到贵州去了，38 所方面建议，招待埃及考察团再到桂林领略一下中国甲天下的山水。就这样，埃及考察团又被盛情邀请到桂林，一逛又是三天，这样又为 38 所争取了三天的宝贵时间。三天后，桂林的行程全部结束，拖无可拖、延无再延，无论如何都必须要把埃及考察团带到 38 所来了。

6 月 21 日，埃及考察团乘坐的从桂林到贵阳的飞机已经起飞，接王小谟去迎接考察团的汽车也已经停在了 38 所办公大楼前。换上西装，穿上一双干净的布鞋，王小谟打算出发去迎接埃及考察团。就在上车的前一刻，王小谟还是觉得放心不下，转头又一路小跑地来到整架场。此时的整架场还是一派忙得根本停不下手的景象，主持设计师匡永胜在现场大发其火，却也是按下葫芦浮起瓢，各分系统的设计师都在反复检查测试各分系统，这里招呼着要再换元器件，那里喊着还要再改，大考在即，哪个部门、哪个系统都担心自己的那部分出问题，凡在现场的人个个精神高度紧张，手忙脚乱，生怕出了差错。面对堪称混乱的场面，王小谟当即下令，机器立刻封闭，现场派警卫值守保护，没有命令谁都不准再调再改；匡永胜必须抓紧熟悉机器，做好第二天向埃及考察团介绍雷达的准备；排除一切其他干扰，关键是要解决好一个问题，就是必须要在当天夜里 12 点之前看得到回波。经过王小谟这三招雷霆手段整顿后，整架场的秩序终于基本稳定下来，所有人把尽善尽美的念头先放在一边，只求在当夜 12 点前能看到回波显示。

王小谟转身离开整架场，准备出发去迎接考察团，刚离开不到十分钟，整架场忽然传来消息说看到了回波。王小谟兴奋地立刻又折返回去，但等他跑回整架场后，刚才匆匆一现的回波好像故意调皮一样，又在显示屏上消失了。这边埃及考察团的车已经出了贵定县，距离都匀还有不到 100 千米，没有时间留给王小谟了，他必须要出发了。山路颠簸，车上的王小谟的心里也是七上八下的。

安顿埃及考察团到黔南州宾馆下榻后，王小谟回到房间焦急地守在电话机旁，等待着 JY–9 雷达看到回波的好消息。这一夜，王小谟彻夜未眠。临近凌晨，房间的电话铃声划破了夜的宁静，王小谟抓起电话，电话那头传来现场人员兴奋的声音：看到回波了！守候这个消息一整晚的王小谟紧绷的神经才稍微放松下来，他心中又更加有了些底。新的一天太阳缓缓升起，披着清晨的朝霞，王小谟带着埃及考察团一行来到38所进行实地考察JY-9雷达。

在38所的调试整架场，埃及考察团亲眼看到了90天前还只是画在纸上的中低空雷达JY-9，听了王小谟关于JY-9雷达方案的介绍，他们终于相信，一切并非镜花水月，中国确实已经研制出了中低空警戒雷达。虽然由于都匀环山地形的影响，这部样机的回波还并不理想，但埃及方面还是对雷达的研制进展表示满意，明确了继续合作的意向。

1988年9月，王小谟应邀去埃及签订了研制一套JY-9样机的正式合同，合同中明确规定，38所要通过一场大考才能拿到货款——JY-9雷达样机必须参加1989年“明星”美埃联合军演，通过实战考核，才能批量订货；如果失败，38所就要退回全部预付款。

90天造出一部雷达来，这是王小谟他们在研制中低空雷达的万里长征路上，大着胆子又有惊无险地迈出了第一步。

图为1988年，与埃及签订JY-9雷达研制合同

万水千山

在科学上没有平坦的大道，只有不畏劳苦，沿着陡峭山路攀登的人，才有希望达到光辉的顶点。

——马克思

我们要向战胜敌人一样地战胜困难。

——《万水千山》(1977，中国)

1989 年 5 月，按照合同规定，埃及派出一个由 3 人组成的验收团，到 38 所新址合肥进行 JY–9 的厂级验收。当时的 38 所刚刚完成搬迁还不足半年时间，合肥新所的建设工作还没有完成，许多技术人员、工人还抱着稻草睡在办公楼、厂房的水泥地上，整个 38 所还正在挣扎着站稳脚跟。但 JY–9 的样机合同上的白纸黑字，是王小谟去签订的，不论你处在什么样的条件下，面临着多大的困难，埃及的验收团都会如约而至，按期验货。

厂级验收进行了 6 天，埃及验收团对 JY–9 的技术性能指标进行了测试，开展了设备齐套性的清点。由于从都匀到合肥的长途运输，再加上装卸过程中的不小心，JY–9 发射机的射频连接件被损坏，导致在厂级验收期间发射机没有达到理想状态，影响了整个雷达系统的验收移交。但由于其他分系统都通过了埃及验收团的技术指标测试，最终与验收团达成了通过 JY–9 厂级验收的意见，同意将 JY–9 运往埃及进行现场验收，并参加当年 11 月的美埃联合军演。

真刀真枪就要到战场上见了，但由于发射机的状态一直不稳定，此时的 JY–9 还没有跟踪出一条完整的目标航迹来，还谈不上是一套可靠稳定的雷达系统。距离把 JY–9 发往埃及的日子一步步逼近，王小谟同时任命 38 所总工程师孙龙祥到测试场对 JY–9 的状态做最后的确认。不得不说，这时 JY–9

的状态很是让人泄气灰心，发射分系统的调整改进进展不大，状态也很不稳定，依旧是故障不断。在测试场，总体和各分系统的负责人一致认为，这样的 JY-9 是绝对不能运往埃及的，更不具备参加美埃联合军演的条件。形势逼人至此，在测试场的王小谟沉默了，怎么办？彻底放弃吗？进是刀山，退是火海，王小谟此时举步维艰。

从测试场回去的路上，王小谟同孙龙祥坐在车上，谁都没有开口。JY-9 是生是死的问题在王小谟脑中盘旋斗争着，前方路上究竟是付出终有回报的收获，还是竹篮打水的萧索肃杀，现在谁也不知道。

许久，王小谟打破了沉默，“老孙，我看还是要去，你的意见呢？”孙龙祥和王小谟都是从北京工业学院（今北京理工大学）毕业的，俩人一起从南京 14 所钻进贵州深山中的 38 所，又从山沟沟里并肩战斗到合肥，从研制 383 起就一路摸爬滚打，王小谟内心的焦灼与坚定孙龙祥都明白，也都懂得。孙龙祥抿抿嘴说道，“不去就是死，而且是自己愿意死，去了可能还能争取一条活路。”孙龙祥的支持给了王小谟莫大的慰藉与希望。他握着孙龙祥的手说：“我是所长，家里的一摊事我走不了，这次辛苦你带队去，人由你挑。我在家里组织保障，全力支持你。成了，功劳是你的，是你们的，谁也不能争。败了，是我的，是我王小谟的，由我王小谟一个人来承担，我绝不向下怪罪一个字，也绝不向下怪罪任何一个人！”

独木不成林，凡要取得成就者，哪怕个人实力再卓越超群，力量也是有限的，终究还是要有能够团结、带领一支队伍的本事和魅力。而凡堪称俊杰者，在选择与什么样的人干事业时，莫不是绕树三匝的，之所以不易是因为吸引他们的并非是金银名利，而是英雄间的惺惺相惜，志趣相投，这让他们与自己选择的“可依之枝”间哪怕在最艰难的时刻也能够相互信任、相互理解，彼此成就。

1989 年 10 月 27 日，孙龙祥率队将 JY-9 雷达运抵埃及苏伊士运河南端的阿达利亚港。为了给 JY-9 雷达调试争取更多的时间，孙龙祥通过中电公司与埃及方面协调，获准将运抵港口的 JY–9 雷达通过陆路方式迅速运往雷达阵地，为 JY–9 雷达的现场调试多争取了 3 天的时间。然而，从后来的情况看，这 3 天时间对改进调试好 JY–9 雷达巨大的工作量来说完全是微不足道的。事后多年回忆起那段日子，往事一幕幕浮现在眼前，孙龙祥还是不禁长叹一口气，“我之前也知道雷达（的状况）不好，但没想到不好到那个（种）程度。”

1989 年 10 月 29 日，JY–9 雷达由港口运抵雷达阵地，这个雷达阵地处于埃及布海拉省的一处沙漠中，举目望去，平沙莽莽黄入天，荒漠中，孙龙祥他们立刻开始架设雷达，在到达阵地的第三天就完成了整个设备的展开架设，全机系统开启。随着雷达开机工作，JY–9 雷达的各种问题开始暴露出来。首先，在到埃及之前，JY–9 雷达在国内还没有长时间地观察过目标，其检测能力还没有得到过验证。其次，JY–9 雷达发射机的稳定性始终是其硬伤，保证发射机正常供电、稳定运转是摆在孙龙祥他们面前的一大难题。最后，在即将到来的美埃联合军演中，JY–9 雷达要面对的是来自美国方面的强大干扰，美方的干扰到底有多强，JY–9 雷达究竟能不能扛得住，一切都还是未知数。在苦旱无雨的沙漠里，在举目难寻亲的异国他乡，孙龙祥和这支队伍必须咬着牙去取得胜利。

虽然环境艰难，但技术上的问题总还是得一点一点地解决，最让孙龙祥他们感到锥心难安的还是来自埃及方面的质疑，甚至是否定。整个雷达系统不论哪里只要一出现问题，就会引来埃及军方的无尽追问，你们的雷达到底什么时候能修好？你们的雷达究竟能不能用？这其中不乏有人压根儿就看不上、信不过中国研制的中低空雷达，他们的怀疑、轻视就好像一支支利箭，从口中、眼神里直射出来，刺痛着孙龙祥他们的骄傲与自尊。一次，JY–9 雷达的发射机又发生了故障，现场技术人员立刻展开了抢修，就在这个时候，埃及的一个上尉不停地缠问现场技术负责人，你们的雷达究竟什么时候才能修好？这位现场负责人被这个上尉近似挑衅的反复追问搞得心烦意乱，终于忍不住推了这个上尉一把，并高声反问，“你没看到我正忙着修吗？”这一句厉声反问，再加上反手一推让这个上尉觉得受到了极大的冒犯，将此事告到了埃及首席验收官那里，首席验收官迅速把这个情况反映给中电公司，原本两个人在雷达阵地上的一次斗气使性几乎发展到要影响中埃双方的合作大局。孙龙祥忍下这口气，代表技术人员主动和埃及方面缓和了关系，看着在阵地上转动的JY-9雷达，远隔千山万水，自己把它带来了，哪怕再忍辱负重也要争出一个结果出来。

苍茫大漠间，孙龙祥带着这支队伍在一点点解决JY-9雷达出现的问题。为解决发射机的稳定性问题，孙龙祥向在国内的王小谟请求紧急支援发射机的技术人员，并现场对发射机的电源设计进行了调整，基本解决了发射机的电源问题，大大提高了发射机的稳定性，从而保证了JY-9雷达能够捕捉目标，并连续地追踪完整的目标航迹。为保证在美埃军演前最大限度地解决问题，孙龙祥一个月都没有洗过澡，穿在身上的衣服也没有换过，天天累了就囫囵睡上一觉，起来就继续接着干；后来，其他同志实在看不过眼，硬把他身上的衣服给扒下来洗了，这位总工程师才又穿上了干净衣服。队伍里负责信号处理的罗真林本就身体不好，到埃及后身体更是耐不住改换水土的不适与巨大的工作强度和压力，不久他就彻底病倒了，但他没有提出要回国，甚至也没有要求到开罗去好好休息一下，就躺在阵地的一张铁床上坚持工作，一旦信号处理有什么问题需要重新调整，他总是顽强地爬起来，挣扎着投入到工作状态中去。

自从这支队伍被派到埃及去，王小谟几乎跟他们一样揪着心，他经常算着时差，守着前方战友的消息。他给所里的电话总机班下了死命令，只要是埃及打来的电话，不论什么时候都要立刻转给他，不论他是在家里还是在办公室。前方传来消息，需要补充发射机电源设计的技术力量，王小谟立刻以最快的速度帮助在国内待命的技术人员办好出国手续，把他们送往埃及增援。孙龙祥反映前方的翻译人手不够，王小谟迅速安排增加翻译人员。在当时38所经济极其困难的情况下，王小谟东拼西凑地拿出5万美元带给在埃及的队伍。兄弟们在前方打仗，王小谟想要尽己所能，让他们感到粮草充足，手脚放开。

前方有孙龙祥率队一步不退地坚守拼杀，后方有王小谟坐镇筹谋人、财、物各方面资源的全力支援，在前后方的通力配合下，在美埃联合军演前，JY–9雷达终于达到了一个相对稳定的状态。1989年11月11日，美埃联合军演正式开始，按照埃及方面的要求，在整个演习期间，JY–9雷达必须从8:30到13:00开机工作，并由埃方操作人员在外置显示器上读报目标数据。演习一开始，美国参演部队就瞄准JY–9雷达所在的雷达阵地实施了强大的电磁干扰，这些干扰几乎压制了在雷达阵地的所有雷达，甚至包括附近尼罗河三角洲的其他传统雷达，但却没能压制住JY–9雷达。原来，早在军演开始前，埃及就已经把JY–9雷达的工作频段、工作频率点的信息全部透露给了美方，方便美方在军演期间能够针对JY–9雷达实施极具针对性的干扰，以检验JY–9雷达抗有源干扰的能力。然而，面对火力全开的美军电磁干扰，开启反干扰模式的JY–9雷达的表现让埃及人吃了一惊，目标依旧精确地被JY–9雷达捕捉到，并清晰地被显示出来，这样的结果甚至惊动了埃及空军高层。

挺过美埃联合军演的苦战后，1989年12月，埃及空军对JY–9雷达进行共660小时的可靠性和检飞考核正式开始。按照埃及的考核要求，JY–9雷达要在30天内每天开机执勤20小时以上，两部油机交替轮流供电，每10小时一换，持续运转660小时，中间不得出现任何故障。然而，考核开始的第一天，险些失火的油机不仅让JY–9雷达的前途命运笼罩上了一层阴霾，也把在国内关注着这场考核的王小谟推向了风口浪尖。当初，由于经费实在短缺，王小谟就同意在这部JY–9雷达的样机上使用了一部旧油机，谁都知道这其中存在的隐患，但巧妇难为无米之炊，实在挤不出经费，只好硬着头皮把这部旧油机用在了JY–9雷达样机上。

考核首日的检飞开始后不久，油机工忽然冲进了JY–9雷达方舱的操作隔间里，他甚至都顾不得包括首席验收官在内的埃及验收团也在现场，一把拽住孙龙祥，上气不接下气地说，“孙总！油机出问题了！”

孙龙祥只觉得脑子里“嗡”的一声响，到埃及以后，顶住埃及人的怀疑，甚至轻视，终于让JY–9雷达在美埃军演中争了口气，总算基本取得了埃及方面的信任，如今在可靠性考核的第一天，油机就出事了，这怎么办？孙龙祥同油机技术人员三步并作两步，冲到油机跟前，原来这部旧油机的风扇忽然不工作了，水箱停止制冷，油机的气缸体急剧升温，如果再不采取措施，油机失火，整个雷达也会停止工作。

怎么办？温度一秒一秒升高的油机甚至都不给孙龙祥思考的时间，他跑回操作间，向埃及首席验收官请求能否让雷达停机15分钟，用来修复油机。得到的回答是否定的，埃及首席验收官是一位经历过实战的将军，他对孙龙祥说：“雷达停机15分钟就意味着雷达有15分钟报不出情报，这只会得出一个结论，就是你们的雷达不行。”埃及首席验收官的话也十分在理，战场上的形势瞬息万变，是绝对不会留给你15分钟专门用来修油机的。

油机不住地“嘶嘶”轰鸣，好像下一秒就要喷射出火舌来，把这次检飞考核烧个面目全非。水！情急之下，向油机泼水降温保住油机的念头闪过，孙龙祥跑出去抄起水桶就要跑到阵地上储存生活用水的储水桶里去打水，但被旁边的工作人员一把按住，大喊一声，“孙总！您不能离开操作间，您要留在这里指挥，我们去救油机！”

话音未落，阵地上的其他工作人员早就蜂拥而出，你拿着盆，我提起桶，奔向生活区的储水桶，打出水来泼向油机，但储水桶里的水对此刻温度过高的油机而言简直就是杯水车薪，大家只用了两三个来回，就把储水桶里的水打干了，油机的轰鸣声却依旧高亢刺耳。大家一刻都不敢停下来，又一齐奔向阵地洗手间的简易水塔，水塔里的水也迅速见了底，油机的轰鸣声还是丝毫没有减弱的意思。阵地周围的水都已经用完了，要再想取水就只能到山脚下的指挥连去，所有人几乎都来不及思考，又拔腿冲向山脚下的指挥连。在沙漠里，每跑一步都会深深陷到沙子里面去，好多人最后几乎是连滚带爬地滚到了山脚下，他们都来不及把嘴里的沙子吐干净，就跑到指挥连的水桶里打上水又向阵地的油机跑去，折返回去的路上，他们既想用最快的速度跑回去，又舍不得桶里、盆里的一滴水洒出来，只好用尽全身的力气把手里的水桶、水盆高高举起，保住救油机、救 JY–9 雷达的每一滴水。

终于，埃及方面协调开来了一辆消防车，高压水枪里的水冲着油机不断猛喷下去，油机才彻底降温，JY–9 雷达的检飞考核终于能够继续进行下去了。而刚才在阵地上、在沙漠里端着水盆、扛着水桶狂奔的人们早已经精疲力竭，连站起来的力气也没有了，就直接瘫倒在地上，大家这个时候才感到嘴里满是苦涩的沙子，身上、头上也都是沙子，好在油机保住了，JY–9 雷达也保住了。

检飞考核第一天就这样在埃及人面前上演了一场沙漠汲水救油机的“大戏”，虽然有惊无险，但还是让人感到尴尬与难堪。消息传到国内，有关部门要追究 38 所装备的质量责任，要追查究竟是谁把这种质量没有保证的旧油机装到 JY–9 雷达上，还搬到国外去进行检飞考核的。身为 38 所所长的王小谟把这个责任扛下来，因为正如他在同孙龙祥告别时所讲的那样，送 JY–9 雷达样机到埃及这件事，成功了，功劳是大家的，如果失败了，那就由他王小谟一人来承担，他绝不向下怪罪一个字，绝不向下怪罪任何一个人。王小谟是说到做到的。

虽然在考核第一天出现了油机差点失火的惊险一幕，但在整个 660 小时的可靠性考核中，JY–9 雷达的探测威力和目标检测性能还是让埃及人眼前一亮。为充分测试 JY–9 雷达的低空、超低空检测性能，埃及方面共安排了 4 个架次的检飞，其中包括飞机飞行高度为 100 米的超低空检飞。而针对 JY–9 雷达的超低空检飞测试结果是，JY–9 雷达的超低空探测距离达到了

50 千米，而后来据埃及空军军官讲，“当时整个埃及空军中，都没有一部雷达超低空探测距离能够超过 20 千米。”

660 个小时的可靠性考核结束了，孙龙祥他们稍微松了一口气——毕竟 JY–9 雷达还是坚持了下来，这已经在一些人的意料之外了。但是，根据埃及验收团的记录，在这 660 小时的考核中，JY–9 雷达共出现了 44 次故障，关键故障 7 次，绝大部分故障都是因为发射机问题而停机，并没有出现元器件损坏。根据这样的考核结果，埃及验收团给出了 JY–9 雷达样机未通过现场验收的意见，并做出了埃及方面拒收这部样机的决定。

从 1989 年 10 月到 1990 年 1 月，孙龙祥和这个团队里的所有人在这片沙漠里坚守了近 4 个月，这段日子里，他们不分白天黑夜，不去管外人的眼光与流言，闷着头想尽办法努力要把 JY–9 雷达调整到最好状态，虽然拼着命让 JY–9 雷达挺过了美埃军演和 660 小时可靠性考核，但所得到的结果终究还是埃及方面拒收的决定。孙龙祥他们也只能无奈地低下头来，再回头看看周围，大漠孤荒，荒漠中唯有骄阳烈日，灼烤煎熬着他们的心。

孙龙祥打电话到国内，向王小谟汇报了埃及方面拒收的决定。电话那头，孙龙祥的话语间是掩盖不住的心有不甘，电话这头，王小谟也沉默了，虽然对这样的结果他也有心理准备，但事实一下子真的摆在他的面前，还是觉得气闷异常，难以接受。听完孙龙祥的汇报，王小谟缓了一口气，对孙龙祥说：“老孙，那就带着大伙儿撤回来吧。你们走的时候，把那样的一部机器拉出去，从去年 10 月到现在，你们在埃及能一边调试机器，一边参加美埃军演，还接受了检飞考核，大家都太不容易了！我心里都清楚，这 4 个月在外面，大家都不容易！”听了王小谟的话，孙龙祥一时语塞，竟也说不出话来。

眼看 JY–9 雷达在埃及的命运已到绝处，然而因为埃及军方高层在武器装备引进上的思路变化，以及中电公司通过外交渠道的斡旋和努力，JY–9 雷达的命运又从夹缝里透出一丝转机来。一方面，埃及军方在装备引进上的思路本就不十分一致，有人力主要以西方，特别是美国的装备为主，认为像中国这样国家的装备根本靠不住，不能用。但也有人坚持埃及的装备引进必须多元化，要东西方并举。在针对引进中低空警戒雷达的这个问题上，两种观点在埃及内部博弈较量，最终是第二种观点占了上风。

另一方面，即使是在埃及方面已经做出拒收的情况下，中电公司也没有彻底放弃JY–9雷达，他们一直积极为JY–9雷达奔走。因为单从雷达的系统设计上来看，JY–9雷达可以说毫不逊色于当时世界的先进水平。这是中国第一部采用全相参放大链发射机的中低空警戒雷达，同时这部雷达具有极强的抗有源干扰性能，采用了微机化的监视和控制系统，能够进行目标航迹自动起始和自动跟踪，在20世纪80年代末90年代初，其技术水平都可以视为是领先的。

可以说，正是JY–9雷达在美埃军演和可靠性检测中的表现给了中电公司继续为之努力的底气。因为从埃及现场验收的整个过程来看，问题主要出在发射机上，这并不是致命的技术问题，只需要更加充足的时间，就能够解决，而JY–9雷达出众的反干扰能力和低空探测性能却是当时世界上同类型其他雷达所难以比拟的。

鏖战4个月后，孙龙祥他们带着JY–9雷达暂时抱憾铩羽归来，但也正如孙龙祥出发去埃及前讲的那样，如果从一开始就选择放弃，不去埃及，那JY–9雷达只能是死路一条，如今虽然跌跌撞撞，艰苦备尝，但终究还是拼命又争了一条活路出来。1990年3月，中埃签订了关于JY–9雷达第二套样机的研制合同，38所要在一年后，再向埃及交付一套新的JY–9雷达样机。而这一次，王小谟和孙龙祥他们经历过大漠煎熬考验的心只会变得更加坚强。

万里归途

善用兵者，无赫赫之功。

——《孙子兵法》

国家就是我的信仰。

——《万里归途》（2022，中国）

1991 年 5 月，JY-9 雷达的第二套样机 JY-9A 就要迎来厂级验收了。不同于上一次迎接厂级验收的手忙脚乱，这一次王小谟和他的团队多了几分从容。经过一年的改进，JY-9A 雷达可以说早已脱胎换骨，相较于上次直到出国前还没有来得及跟踪一条完整航迹的 JY-9 雷达，JY-9A 雷达早已进行过多次实地的检飞考核验证，王小谟他们憋着一股气，一定要打一个漂亮的翻身仗，把一年前低下去的头，骄傲地抬起来！

在迎接埃及验收团厂级验收的全体会议上，王小谟板起脸来，严肃地说："大家辛辛苦苦忙了一年，这一次设备如果再交不掉，匡永胜同志要负责，孙龙祥同志要负责。"一年前 JY-9 雷达在那么严峻的情况下，所长也从未苛责批评过 JY-9 团队中的任何一人，如今 JY-9A 的情况早已实现根本改观，所长却如此严阵以待，开会设想的是设备再交不掉的恶劣情况，会上直接点名 JY-9A 的主持设计师和所总工程师，这让所有人都不禁屏住了呼吸，看所长如此作为，大家不敢有丝毫的大意，更要打起十二分的精神，这一仗是非胜不可的。

埃及验收团眼看就要来了，王小谟却为要把他们安排住在哪里犯起了难。当时的 38 所还没有完全从搬迁调整中缓过劲儿来，四处都要钱，经费非常紧张，为节省接待费用，囊中羞涩的王小谟打算在 38 所的宿舍楼里腾出两间空房，供埃及考察团居住。但中电公司的同志看了王小谟准备的接待

图为 1991 年 5 月，JY-9A 雷达通过厂级验收

场所后，觉得住宿条件实在是说不过去，跟他建议要把客人安排到当时合肥最好的稻香楼宾馆去。王小谟实在拿不出钱来，稻香楼宾馆无论如何也住不起，咬咬牙才把客人们安排到了合肥的梅山饭店。

1991 年 5 月 20 日，埃及验收团抵达合肥，入住了王小谟狠下心来才预定的梅山饭店，JY–9A 雷达厂级验收正式开始。从 5 月 20 日到 6 月 12 日，JY–9A 雷达的验收工作进行得非常顺利，埃及验收团签署了 JY–9A 雷达厂级验收的合格证，经过一年的卧薪尝胆，王小谟他们又闯过了第一关。

1991 年年底，JY–9A 雷达将要启程去埃及进行现场验收。出发前，王小谟又专程去调试场检查 JY–9A 雷达的状态，他故意绷着脸同团队成员们说："这次你们出去，要是设备再交不掉，你们也就别回来了。"

团队成员们一听，赶忙说："所长您放心，我们一定全力以赴，交掉设备，圆满地胜利归来！"

王小谟听后哈哈大笑，拍拍大家的肩膀说："对！等着你们完成任务凯旋！"

1992 年 1 月，JY–9A 雷达被运至埃及亚历山大港，前辱未忘，团队成员们这次专为胜利而来。在埃及的现场验收期间，JY–9A 雷达要通过威力检飞、低空性能检飞、抗干扰性能检飞，以及可靠性、机动性等全方位的考核，而考核标准也非常严苛。不同于上次来埃及时在沙漠里的雷达阵地，此次埃及方面安排将 JY–9A 雷达架设在临近地中海的一处雷达阵地上，由于临海，在这个雷达阵地上，JY–9A 雷达就要受到地物杂波和海面杂波双重背景杂波的影响，而从验证的结果来看，复杂的背景杂波并没有给 JY–9A 雷达带来任何影响，验证结果堪称完美。从 1992 年 3 月 12 日到 4 月 12 日，JY–9A 雷达再次接受了 660 小时的可靠性考核，在这次可靠性考核过程中，JY–9A 雷达稳定运行 660 小时，其间无一故障。至此，38 所人终于一洗上次在 JY–9 雷达可靠性考核中，众人提桶端盆，在沙漠中担水救油机之耻了。

1992 年 4 月 24 日，JY–9A 雷达在埃及的现场验收工作全部结束，并通过了全部检测考核项目，埃及方面同意正式接收 JY–9A 雷达样机。在完

图为 1992 年 1 月，中方工作人员站在架设展开的 JY–9A 雷达前，自信、欣喜之情溢于言表

成 JY–9A 雷达移交仪式的那天晚上，整个雷达阵地灯火通明，大家都兴奋得睡不着，打开几瓶好酒，兴奋地要一醉方休！当初在那个沙漠雷达阵地上的失落与沮丧终于一扫而光，王小谟和他的团队终于抖擞精神地站立起来！1992 年，JY–9A 雷达再次参加美埃联合军演，这一次，在美、英、法等国的十几部雷达装备中，JY–9A 雷达的各项指标综合得分位列第二，抗干扰能力尤其抢眼，JY–9A 雷达从此扬名世界。

在完成一年的样机试用后，38 所终于拿到了来自埃及的 JY–9A 批量订购合同。除此之外，38 所还接到了来自津巴布韦、泰国等国家的订单，先后成功出口 13 部 JY–9A 雷达，为国家创造外汇收入超过 2900 万美元。更为重要的是，从 20 世纪 90 年代初开始，JY–9 雷达系列中低空警戒雷达也开始装备我国军队，成为构建我国全空域防空网的重要组成部分。

从 JY–9 雷达的研制到最终成功出口的坎坷历程来看，这个世界上确实是本没有路的，唯有有意志、有能力的人才能拼杀出一条血路来。当初把

图为 JY-9 雷达

"纸上的雷达"送到埃及去参加展览，是这个憋在西南深山中的研究所所长王小谟穷则思变的大胆一试。当机会来临，还没有做好万全的准备之时，是缩手退却，还是狠心一搏，闯出一条新路来呢？这两种选择似乎都各有各的道理。我们不能否认前一种做法的安全稳妥，也不能否认选择后一种做法所冒的巨大风险。但在当时38所内外交困的处境中，王小谟选择了大着胆子去闯出一条路来，于是创造了许多诸如90天里造出雷达这样带着传奇色彩的奇迹来，需要特别指出的是，能够创造这种"奇迹"靠的绝不是不顾客观实际的鲁莽蛮干，而是凭借着拥有实实在在的真本事，换句话说，手握金刚钻，就要敢揽瓷器活，哪怕自己手里的金刚钻暂时还没有那么坚硬锋利。因为，胜利从来不会自己向我们走来，我们必须依靠自己向胜利走去。

第三篇

我们一定要争口气！

对于我们搞工程的，特别是搞国防工程的来说，我们的使命是什么？我们的初心又是什么？就是这十六个字（自力更生、协同作战、顽强拼搏、创新图强）。自力更生的核心问题是要相信自己，（相信）自己有能力，我们中国人不比外国人差，只要你看准了（目标）以后，你就要一直去干，总能干成。

——王小谟

第一章 撕毁了合同自己干

心无旁骛

今夫弈之为数，小数也；不专心致志，则不得也。

——《孟子·告子上》

1991 年 1 月 17 日凌晨，美军以 F117 隐身战斗机和“战斧”巡航导弹为先锋，开始了对伊拉克军队指挥中枢的斩首行动，历时近半年的中东危机终于发酵演变为一场大战，“沙漠风暴”正式拉开大幕，海湾战争全面爆发。在以美国为首的多国部队的打击下，当时自称“世界第四”军事强国的伊拉克仅仅坚持了 42 天。而这 42 天，也是让整个世界目瞪口呆、颠覆想象的 42 天。

海湾战争是第二次世界大战后，人类进入信息化时代以来的第一次高科技战争。美国人几乎把冷战时期累积的高科技武器成果全部搬到了海湾战场上，海湾战场俨然成为美国人新式武器装备、新式作战理念的试验场。最终，美国人利用制空、制电磁的绝对优势，以天悬地隔的人员伤亡和代价，在短时间内迅速取得了战争的胜利。这场战争也使得现代战争的作战思想、作战样式、指挥方式、作战部队组织结构等发生革命性的变化。

海湾战争爆发以来，我国始终高度关注战争进程和战场形势的变化。在战争初期，伊拉克“钢铁洪流式”的军队在复杂的电磁环境中陷入瘫痪，指挥系统、防空系统濒临崩溃，美国人凭借通信、控制、指挥和信息这些“软系统”发挥的强大战斗力，让伊拉克军队几乎没有还手之力。海湾战场上的血与火时刻警醒着中国人——必须充分做好应对信息时代战争的准备，尤其要在发展电子技术上迎头赶上，否则就会在战场上变成瞎子、聋子和哑巴。

海湾战争结束后，中央军委迅速部署组织了对海湾战争的多方面研究。1991 年 6 月 8 日、15 日、25 日，中央军委连续三次组织各方面专家召开关于海湾战争的座谈会，时任中央军委主席的江泽民全程参加了座谈会的研讨。座谈会上，中央军委首长、军方领导、国防科技工业专家研究讨论了当时中国国防和武器装备建设方面的基本情况，大致理出了未来电子技术发展的趋势，从原则、方向上提出了作战使用要求，形成了我国如何应对信息化时代战争“软杀伤”的大体思路。研讨过程中，江泽民指出，中国在武器装备上确实落后了一大截，有些原来就存在的差距进一步拉大了。而在电子技术方面，中国同世界先进水平的差距不是越来越小，而是越来越大，中国必须采取实事求是的态度，脚踏实地把国防科技搞上去，使我们能够对付今后可能发生的情况。

一场海湾战争，昭示的是战争形态的彻底改变。暂不论“得道多助，失道寡助”这一战争道义上你黑我白的争论，单从技术上来说，高度复杂的指挥、控制、通信和情报系统、精密制导武器、电子战系统已经成为现代战争的核心，高技术武器成为现代战场上克敌制胜的基础，电子战技术在其中更是起到了关键作用。在关于海湾战争的专题座谈会后，我国研制和生产这些装备的任务主要落在了当时的机电部和中国电子工业总公司的肩上。

就是在这样一个特殊时期，1992 年 2 月，王小谟调离 38 所，被任命为中国电子工业总公司军工局局长。中国电子工业总公司（简称“中电总公司”）于 1990 年 7 月经国务院批准组建成立，由机电部归口管理，集中部分原电子工业部下放的军工重点企业和关系国计民生的骨干企业，下辖科研机构50余个，院校8所，下属生产企业、科技开发与经营服务性公司200多家，职工合计约43万人[1]。王小谟任职的中电总公司负责全国的军工电子业务，当时正处在反思海湾战争，吸取经验教训，加速发展我国军事电子技术的关键时期，王小谟又要肩负使命向险而行了。

1992年3月，上任不到一个月的王小谟代表电子部赴美，同雷神公司商讨合作研发航管系统。在这次出访中，王小谟一行参观了雷神公司的工厂和设备，甚至还看到了爱国者导弹防御系统的生产线。这条生产线是人工生产，总体状况和38所的总装车间差不多。细心的王小谟发现，参观过程中，出来回答技术问题的多是亚洲面孔，有华裔，也有印度裔，而老板们则多是白人。不同于前几次赴美，这一趟代表电子部的考察，规格更高，让王小谟能够有机会更加深入地了解美国的军工企业，处处留心之间，王小谟摸了摸美国人的脉，探了探美国人的底。美国之行更加坚定了王小谟自主研制383雷达时就认定的观点——我们这些炎黄子孙，从来就不比外国人笨，美国也没有那么玄乎其玄、神乎其神，崇美恐美都是要不得的，中国人的自信力是丢不得的，至少在雷达领域，中国的总体水平并不差。

回国后，王小谟就投身到研制预警机任务中，这一干，又是17年。

受地球曲率的影响，地面雷达存在很大盲区，对低空飞行目标难于探测，目标越低，雷达作用距离就越近，而且易受到地形、地物等杂波的干扰，难以判别目标。另一方面，地面雷达设备固定，机动性差，开机后即暴露位置，易遭反雷达导弹的袭击，战时很可能失去作用。为解决以上问题，第二次世界大战结束后，美国人就开始了预警机研制的探索与试验。王小谟曾用极简单浅显的语言解释过什么是“预警机”——所谓的预警机，就是把雷达“搬”到飞机上。说起来好像是轻松一“搬”，但到1992年，中国人为了把预警雷达“搬”上飞机，已经艰辛曲折地走了近30年。

1 中国机械电子工业年鉴(电子卷)编辑委员会.中国机械电子工业年鉴(电子卷)1992[M].北京:电子工业出版社,1992.

图为 1992 年，在美国考察，右起第一为王小谟

早在 20 世纪 60 年代末，中国就曾经尝试用把地面雷达安装在飞机上的方式，制造中国的预警机，研制出了“空警一号”。从 20 世纪 60 年代末到 70 年代中期，“空警一号”进行过多次试飞试验，但最终因为部分关键技术问题无法得到解决，暂时搁浅。这架“空警一号”至今还静静地停在博物馆里，这是中国人自力更生迈出空中预警第一步的无言之证。

从 20 世纪 50 年代起的越南战争，到 20 世纪 80 年代以色列发动的贝卡谷空战，预警机在战场上的重要性不断凸显。而在海湾战争时，预警机已经成为要打赢一场信息化战争不可或缺的关键点。过去的空战几乎全由轰炸机和歼击机包办，而现代空中作战则是一个大的系统工程，是由轰炸机、歼击机、空中预警指挥、电子干扰机、侦察机、无人机和直升机等多群体参加的空中协同作战，海湾战争中，每一次空袭都由预警机 E-3A、E-2C 担任空中指挥，其中 E-3A 出动 448 架次，共飞行 5546 小时，E-2C 出动 1184 架次，共飞行 4790 小时，整个战争期间，都有四五架预警机在空中 24 小时值勤，平均每天指挥 2240 架次飞机。不夸张地说，海湾战场上，每一架伊拉克军队的飞机被击落、每一辆战车被炸毁，都离不开预警机的作用。

由于预警机在海湾战争中的关键作用，海湾战争一结束，中国周边国家和地区迅速装备了预警机，俄罗斯自不待言，驻日美军也装备了预警机，连印度也向俄罗斯租用了两架 A–50 预警机；到 1992 年，中国台湾地区也向美国购买了 4 架 E–2T 预警机，并很快成立了空中预警联队。拥有中国人自己的预警机，已经到了时不我待、刻不容缓的时候。

可以说，在现代战争中，没有预警机几乎就等于将制空权拱手让给他人，既陷入门户洞开、无遮无拦的危险境地，又不能登高望远、先人一步地掌控一切，更缺少作战情报处理和指挥中枢，几乎完全丧失战场主动权。因此，才有中央军委首长的昼夜忧思，睡不安枕，有首长直言，没有预警机，连觉都睡不安稳。

1992 年 7 月，中电总公司军工局组织召开了预警机任务专家研讨会，国防科工委、空军方面，以及各研究院所的领导、专家参加了这次研讨会。会上，各方面的目标是一致的，那就是中国必须要装备预警机！但在如何实现这一目标上，各方面立场不同，思路不一，互相之间难以说服。空军方面急于解决一线需求，希望能以最快的速度装备预警机。以王小谟为代表的工业部门则希望能够获得国家支持，凭借国内的力量，自己研制预警机。各方有各方的道理，各方也都有各方不得不如此的苦衷。自主研制终究是远水难解近渴，从国外引进预警机的方案被暂时确定下来。

一个问题解决了，另一个问题就又来了，既然要引进预警机，那么引进哪个国家的预警机是最优方案呢？有人支持引进英国的“猎迷”，有人建议购买俄罗斯的预警机，这时以色列也推销上门，表示可以向中国出口预警机。一时之间，孰优孰劣，论辩不休，你来我往，虚实相杂。

为最终确定到底要引进哪家的预警机，1992 年 11 月，在已和英国就引进“猎迷”进行接触后，中央又部署了实地考察以色列和俄罗斯的预警机装备的方案。作为考察团的副团长之一，王小谟又出发了。这次出访中，王小谟一行细致考察了以色列的 IAI、ELTA 公司，详细询问了以方方案中存在的种种技术问题，为表示更大的合作诚意，以方还主动介绍了正为智利研制的预警机方案。行至俄罗斯，当时苏联刚刚解体，整个国家陷入混乱之中，经济濒临崩溃，俄方对实现中俄合作也展现出极大的热情。考察团在俄罗斯细致参观了 A-50 预警机后，对俄方的技术水平有了更加深入的了解和掌握。

回国后，国家根据考察情况和各方面意见，决定兵分两路：使用方可引进英国的货架产品以应急需；工业部门可引进以色列的装备以解决发展。

图为 1992 年在莫斯科考察

1993 年年初，中以双方开始就实质合作进行正式接触。3 月，中以双方在北京召开专题研讨会，共同研究圆环设计方案。以方提供的任务系统设计方案摆到了王小谟的案头，这个方案中规中矩，当时世界先进水平预警机的优点它有，缺点它也全都有，这让王小谟不能满意。国家已经投入了如此大的人力、财力、物力来搞预警机，如果不能磨出一点真东西来，那是愧对天地良心的。看了看以方的设计方案，王小谟拿出了自己琢磨已久的三面相控阵解决尾部盲区的方案，即 D3 方案，提出要以三面有源相控阵雷达方案代替以方旧有方案，以解决原方案中阵面扫描仅有 260 度，存在很大方位盲区的缺陷，实现 360 度无盲区扫描。同时，为了增加雷达探测距离，王小谟要求加大天线罩，而这一加大，就意味着要造出世界上最大的天线罩。

面对王小谟提出的 D3 方案，以方感到难以实现，他们直言，这样的改法就意味着必须做出比美国 E–3 预警机的天线罩更大、更复杂的天线罩，

图为 1992 年，中方考察团在以色列，右起第四为王小谟

其技术难度不言而喻。但王小谟早已下定了决心，引进预警机，不似花钱买家具那么简单，这是在必要的时候拜师学艺，既要学到真经，也要在已有的基础上更精进一步，拾人牙慧终究没有出路，总要自己走出一条新路来，才能立于不败之地。在王小谟的坚持下，D3 方案终于被以方接受，中国的预警机发展还只是停留在方案上的时候，王小谟就瞄上了“人无我有，人有我优”的目标。

从 1992 年 2 月调离 38 所，到 1993 年 3 月，拿着自己提出的 D3 方案再赴以色列同以方进行技术讨论，一年之内，军工局局长王小谟忙得不亦乐乎，他全身心地投入其中。然而，机关工作有机关工作的千头万绪，一方面，中电总公司军工局的局长并非“预警机局的局长”，其他诸多事情王小谟也想尽心干好，难免牵扯许多精力；另一方面，上级领导也渐渐发现，这个开会与人争论到激烈处时，甚至会拍桌子的王小谟，脾气性格恐怕还真未必适合机关的种种烦琐。在一次同时任电子科学研究院（简称“电科院”）常务副院长侯印鸣的工作讨论中，侯印鸣笑着反问王小谟，“要不咱俩换换，你来当这个院长，我去当你那个局长。”王小谟当即讲道，“换换就换换！”

1993 年 6 月，王小谟果真与侯印鸣岗位对调，被任命为电科院常务副院长。从“庙堂之高”而至“江湖之远”，被调任到下级单位，在许多人的心中不免有些落差，生出许多有关个人命运际遇的慨叹来。但是，对于心怀家国天下的人来说，无论是“居庙堂之高”还是“处江湖之远”，心中深沉的爱与忧是不会有丝毫改变的。担任电科院常务副院长的王小谟没有丝毫有关个人得失的悲悲戚戚，他明白，这是组织信任，要他去干事。一则，他这个常务副院长得到了上级领导的大力支持和全面信任，电科院的工作基本全权委托给了他。二则，用他自己的话讲，“我就是搞总体出身，从大学毕业就搞雷达总体，电科院这个总体的平台就更大了，能够更好地发挥我的作用。归根到底，我就是个工程师，喜欢干些具体的事。”

图为 1993 年在 F3 飞机上评估

从此以后，自认为“就是个工程师”的王小谟便身无杂务，一门心思地扎进了预警机的研制中。

他山之石

他山之石，可以攻玉。

——《诗经·小雅·鹤鸣》

1993 年 8 月，卸任中国电子工业总公司军工局局长的王小谟，一身轻松地担任了圆环工程中方负责人。他把全部心血倾注到 D3 方案的改进上去，主持完成了 D3 型预警机技术方案要点，提出了要采用大圆盘、背负式、三面有源相控阵的新型预警机方案，王小谟又一次要走别人没走过的路，中以双方合作的意义远不止于我买你卖的一笔军购，王小谟要把这个过程变成让自己变得更强大的过程。

图为 1994 年，与以色列 ELTA 总裁合影

1996 年 6 月，经过六赴以色列交涉，历经无数次的唇枪舌剑和相互间的博弈较量，中以双方终于签约，圆环合同正式生效。对王小谟来说，这只是万里长征迈出的第一步。

按照双方合作规定，中方主要负责生产天线罩，并要完成生产 500 套的 T/R（Transmitter and Receiver）组件（不含发射组件）的任务。当初，合同里要写进这一条的时候，有人提出了疑义，他们觉得，既然中方引进预警机，已经付了钱，那么所有产品就应该由以方负责，中方出钱就不要再出力了。但在王小谟的坚持下，这一条内容还是被写进了合同里，在王小谟的眼里，我们既要出钱也要出力，因为我们要引进的不单单是预警机，而是要磨炼出来自己的真本事，只有干多了，才能攒得下真本事。王小谟朴实地说："这些东西我们做过了，以后就会做了。"

虽然以色列还是牢牢地把 T/R 组件的功放、集成，以及核心元器件设计制造掌握在自己手里，不让中方插手，但在王小谟的坚持下，中方依然争取到了自己生产 T/R 组件（不含功放）的任务，拿到了 T/R 组件的图纸。当实际开始生产的时候，由于双方工艺理念的不同，最初彼此间产生了不小的摩擦。工人师傅生产出来 T/R 组件上的外壳在质检合格后送到了以方。但以方却指出这个已经“质检合格”的外壳存在倒角弧度不合格的问题，退回中方要求改进。中方工人按照以方要求，进行了改进，再送到以方，又被以方复检后退回，认为质量依旧不过关。这一下，工人们不干了，大家认为以方在用一些根本不是问题的问题故意刁难中国人，有一些经验老到的工人表示，我们国家生产侧角，一直都是用铣刀自然铣削的，也从不用标注弧度与公差，而且以色列指出来的那些所谓污渍、划痕肉眼根本就看不到，又不会影响电性能，这样改来改去，分明是以方在吹毛求疵，鸡蛋里面挑骨头。

研究过以方提出的问题后，王小谟认为以方指出的问题属实，千里之堤毁于蚁穴，要研制出技术精尖的预警机，哪怕是磁片上肉眼难辨的污渍、划痕，也可能累积出难以预料的重大问题，甚至是灾难。王小谟要求，必须要按照以方提出的问题一个一个地改，直至改到以方完全认可，验收通过为止。王小谟的要求传到生产的第一线，不理解的声音一时闹得沸反盈天，有人觉得王小谟就是以方的“传声筒”，以方说什么他就干什么，甚至有人直接说，王小谟就是“卖国贼”。但王小谟依旧坚持，必须要按照以方的质量要求，生产出合格的 T/R 组件配件。在电子战线摸爬滚打多年，王小谟对当时我国电子产品制造方面的家丑是不遮掩的，他深深知道，长久以来，我国电子产品的制造过于简便，手工作坊的痕迹明显，缺乏过硬的工艺规范和质量标准，一个电子产品，好像拿烙铁焊几下，能用就好了。因此，从张三换成李四就不一定能做出来，即使做出来了，也可能是张三有张三的焊法，李四有李四的“窍门”，产品也不会完全一样。因此，王小谟下定决心，哪怕再难、再不适应，也必须要扭转当时我国在电子产品生产质量标准、工艺上的一些定见陈规，更好地与国际先进水平接轨，为研制出质量可靠的预警机打下扎实的基础。

凡行为的改变，大概都是思想潜移默化间逐渐扭转的真实投射。在王小谟的强力坚持下，中方在生产流程管理、质量标准上不断向国际先进水平靠拢，工人们的思想和行为也在日复一日毫不放松的质量要求中发生了改变。人们之前习惯了的，凭借有经验的工人手中的铣刀，铣削出来的大小不一的倒角不见了，取而代之的，是按照设计图纸，根据标准化要求制造出来的分毫不差的精确倒角。当中方生产出的T/R组件通过以方的质量检验时，其意义已经远不止于生产出了预警机上的合格T/R组件，这代表着中国人在精尖装备制造的质量管理上更进了一步。实践的结果再一次证明了被骂为“卖国贼”的王小谟决策的正确性，按照以方要求重新加工后的器件的通电参数终于检验合格，中方也在批量生产的质量控制上向前迈进了一大步，保证了后续批量生产的质量稳定，省去了日后调试的诸多麻烦，少走了许多的弯路。

除了生产T/R组件，中方还承担了设计和生产天线罩的任务。根据王小谟提出的D3方案，以方向中国交付的预警机需要采用加大的天线罩，其设计和生产难度甚至超出了以方的能力范围，王小谟表示，他们不干，我们就自己干。由中方生产天线罩，以方就必须提供天线罩的具体尺寸，以及天线罩的安装技术等，自己干过了，就学过了，独立自主自己干的时候，心中的底气就更足一些。因此，王小谟把生产天线罩这个活儿揽在了自己手里。中国人自己愿意把这个棘手的活儿干了，以色列人舒了一口气，钱照赚，活儿反倒干得少了，何乐而不为呢。

天线罩表面上看起来就是一个“大蘑菇”，但其实可以看作是一个国家的核心工业材料、设计和工艺水平的集大成者。要把它安到飞机上，首先必须保证罩体要够轻，强度还要够高，同时，为保证不论从哪个角度穿透罩体，雷达的能量损失均为最小，天线罩的每一个位置厚度都不相同。此外，还必须要保证能实现天线罩防雷、防鸟、防静电等功能。可以说，这个超大型的天线罩，每一寸都是科研人员智慧与心血的凝结。国家给予工业部门的研制以极大的支持，投资建立了T/R生产线、亚洲最大的暗室和热压罐，为了集成，建立了集成条件和系统电磁实验室。这些建设，奠定了国家预警机生产能力的基础。

图为 1996 年，圆环工程正式签约

基于王小谟的设想，中以合作中，中方所要做的远不止于合同规定的那点内容，中方人员要“全环节”参与到预警机的研制中去。在与以方的圆环工程管理会上，王小谟据理力争，他要求以方必须同意中国派遣现场管理和软件、系统在岗培训小组的人员到以色列去，现场参与圆环工程。以方起初对王小谟的提议表示反对，不同意中方派员。又是一轮殚精竭虑的较量，唇焦舌燥的交涉，以方终于改变了意见，同意了王小谟提出的要求。1998 年 10 月，中方第一批派出人员 OJT（On the Job Training）小组抵达以色列。

以方专门给中方人员安排了单独的住所，把中方人员同以色列科研人员完全隔离开来。但世上无难事，只怕有心人。在 OJT 小组成员的努力下，通过深入细致的工作跟进工程进展，累积了一批宝贵的技术资料，并且参加了以方开设的多门专业培训，在雷达信号处理、数据处理、目标跟踪等方面获得了很多启发，而 OJT 小组的许多成员后来也成为国内自主研制预警机团队的核心骨干。

从 1998 年 10 月派出第一批 OJT 小组起，在此后的中以合作过程中，派遣 OJT 小组的工作从未中断过。在中以双方一边合作、一边较量中，OJT

图为 1999 年，王小谟在赴以色列的飞机上

小组不仅有机会更加详细地了解掌握预警机的各方面技术，还能够现场感受、学习以方先进的研制管理经验。凡此种种，无不是总设计师王小谟“要在国际合作中，把最先进的思想和技术变成自己的”这个想法的艰辛探索与实践。

图为 1999 年，圆环工程第四次管理会议前赴以色列检查飞机

从零开始

我们的方针要放在什么基点上？放在自己力量的基点上，叫做自力更生。

——毛泽东

在研制预警机的过程中，如果有什么原则是王小谟片刻都不曾放弃的话，那可能就是“归根结底，预警机还是要靠中国人自己干”这一条了。研制预警机之议初起的时候，他作为工业部门的代表，积极地争取走自主研制的路子，请缨由中国人自己干。在究竟是直接引进还是国内研制，究竟是从英国、俄罗斯引进，还是与以色列合作研制的争论最激烈的时候，他就曾与十几位科学家联名上书，表示有能力、有信心研制出预警机来。虽然国内自主研制的想法终因“远水难解近渴”的无奈被暂时搁置，但他心里明白的是，“我们当然可以从国外买，省时省力，但是一旦战争真的爆发，国外只要卡住几个配件，我们买回来的预警机就用不了了。”

位卑未敢忘忧国。与以色列合作的大思路确定后，王小谟依旧坚持不能放弃培养中国自主研制预警机的能力这一想法。1994 年，还在与以色列就研制预警机进行交涉的时候，他就提出了国内同步研制的方案，组织起了国内同步研制的班子。他的想法得到了上级的大力支持。1996 年，在圆环工程正式实施后不久，国内的配套科研立项也迅速获得批复，按照王小谟同步研制的思想，国内也组建起一支具备独立研制预警机的科研生产队伍。后续的发展证明，这一决策对预警机国产化研制起到了至关重要的作用。

如今看来已经被证明是正确的“同步研制”的思想，在当时却引起了不小的争议，在许多人看来，王小谟要搞同步研制，既费钱又费力，还承担着莫大的风险。有人冷言嘲讽，“国家又不叫你干，你逞什么能啊”，也有人牢骚满腹，“明明与以色列签订了合作协议，还搞什么同步研制，多此一举”，还有人对王小谟的动机、行为有更加恶毒的揣测与推度。当时，王小谟研制队伍中的一名骨干无论如何都不能认可和接受王小谟的想法，几次到上级那里反映王小谟的“问题”，最终他选择彻底离开预警机研制队伍。

从王小谟的经历看来，从古至今，凡干出一番事业的人所处的环境总是艰难的，常常前头是无底渊，后头是锥心箭。所有的这些，王小谟都必须承受下来，他的“同步研制”思想的好处可能要等十年、二十年后才能被人所知，也有可能永远都不会被体察认可，但他依旧执拗地坚持：“我再做一套东西，等你那个（载机）飞回来我验收以后，全部换成我中国的东西。”

预警机研制的两条战线，一条是与以色列合作研制，另一条是国内同步研制，就这样铺展开来。在王小谟的主持下，国内研制团队经过一年的努力，制订了相控阵预警机演示验证方案。为完成对预警机雷达的测试，中国人自力更生建起了当时亚洲最大的微波暗室。在同步研制的进程中，国家投入了大量资金进行全套分系统硬件设备和软件的研制，并对国内科研生产条件进行了技术改造，依靠中国人自己研制出预警机的力量在这个过程中不断累积。

研制预警机不仅要解决电子系统的问题，还必须对载机进行改造，以确保实现任务所需的电子支持系统的能力。为给载机改造创造必要的条件，王小谟“自作主张”地从俄罗斯的个体户手里低价买回来一架伊尔 –76 飞机。20 世纪 90 年代，苏联解体后的俄罗斯内部四分五裂，政治和经济秩序还没有完全走上正轨，一架伊尔 –76 飞机竟然落到了两个个体户手里，他们急于把这架飞机转手变卖，售价仅为 80 万元人民币。消息传到王小谟这里，既物美价廉，又能解研制预警机的载机之急，来不及层层请示汇报，王小谟当机立断：“买！”

“买”字一落地，就意味着王小谟要负责实现让一架私人的飞机从俄罗斯飞到北京，并最终停进预警机的科研基地。首先要解决的难题就在于飞机由谁来开？飞什么航线？停在哪里？飞机要从俄罗斯飞到北京上空，是由俄罗斯人来开，还是由中国人来开？飞行不能影响其他航班，选择什么时机起飞才最为恰当？是停在首都机场还是西郊机场？为解决这一系列的问题，实现这架飞机的顺利起飞和降落，王小谟他们把报告一路打到了空军作战部。一切终于协调妥当，飞机已经在俄罗斯缓缓滑出跑道，王小谟本以为可以安心等着飞机稳稳停到西郊机场的停机坪了。然而，由于俄罗斯的这两个个体户对到手的这笔钱如何分配意见不能达成一致，又把行将起飞的飞机开了回去。这一夜，等候在西郊机场的王小谟紧张又着急。

又经过一番磨人的协调，飞机终于从俄罗斯起飞了。王小谟的心依然悬着，唯恐再出纰漏。2000 年 2 月 29 日，这架一波三折买来的伊尔 –76 飞机终于停在了西郊机场，王小谟才稍微松了一口气。停在西郊机场的伊尔 –76 飞机内，还剩七八吨航油，要把飞机运到科研基地，航油必须要抽掉。王小谟知道，航油对于他们根本没有用处，倒不如留给机场，还能派上用场。西郊机场听了王小谟的提议，非常赞同，不仅效率极高地抽完了航油，还免除了这架伊尔 –76 飞机停靠在西郊机场期间所产生的全部费用。就这样，王小谟冒着莫大的风险便宜买来的飞机，因为他“双赢”的提议，得以免费在西郊机场停了两个多月的时间。由此看来，心地固然要至纯至善，方法更要敢于不拘一格。

当时，科研基地已经迁入北京西山脚下。为把这个大家伙从西郊机场运回科研基地，王小谟和他的团队真是下了一番逢山开路、遇水架桥的苦功夫。当时的北京西山一带还没有经过大规模开发，俨然一派城郊景象，要运飞机通过，路首先就不行。王小谟找到了北京市政府，北京市政府在了解了情况后，对王小谟给予了大力支持，专门指派一个副市长负责这件事，并且为把飞机顺利运到科研基地召开了多部门的协调会，全力提供各方面的保障。2000 年 4 月 27 日，被拆解成八段的伊尔 –76 飞机终于顺利运抵科研基地，从西郊机场到科研基地不过十几千米，一路上砍树扩路、拆搬电线杆、平整路面，各方面齐心合力，才终于把这个从俄罗斯个体户手里淘来的宝贝运到了科研基地。这架伊尔 –76 飞机在科研基地迅速又被完整地组装起来，国内同步研制终于也有了预警机任务系统舱室布局、系统半实物模拟联试，以及载机改装技术探索的重要平台。

回看王小谟主持国内同步研制预警机的这段经历时，我们当然会为他的过人谋略与胆识所倾倒，谁也不能否认他在预警机研制过程中所发挥的无可取代的关键作用。然而，英雄应时势，时势才造英雄。在许多重要关头，他为什么敢，又为什么能直接拍板呢？这其中固然有他性格方面的原因，但不能忽视的是，王小谟极其幸运地处在一个尊重科研人员自主权的舒心环境中。时任国防科工委副主任、总装备部副部长的陈毅元帅之子陈丹淮说，“我们有一个基本的思路，就是说我们相信工业部门。特别是王院长，我们选定了他当我们总设计师，我们把这项工作交给了王院长，我们肯定要配合他的工作。但是我们还有一条，就是不干预他的工作。”有了上级机关“把这项工作交给王院长”的信任，以及“配合他的工作”“不干预他的工作”的爱护和支持，才有了王小谟自己口中的所谓的“没有请示，自作主张。”科研与管理的关系究竟该如何处理？这恐怕是一门值得永远研究下去的深奥学问。这里面牵扯到管理学、心理学等诸多学科的法则要义，最为关键的是，这里面要研究的是如何发挥好“人”这个天地万物之灵的作用，单靠各种制度和管理思想是不是就能达成所愿呢？恐怕缺了对“人”、对创造力最起码的敬意，再高妙的“管理”也只是束缚了思想，绑住了手脚。

1997 年 6 月，王小谟陪同电子部领导赴欧洲考察，这本是一次与预警机研制没有关系的出访。考察团在瑞典参观爱立信公司时，一款背上驮着“长条子”的预警机立刻引起了王小谟的注意，他兴奋地与同行的国防科工局的领导交流，“局长，这个东西不错，有特点！”虽然仅能看到这款预警机的外观，但王小谟判断国内完全有能力研制这样的小型预警机，并且这样的小型预警机也有它的独特用场。考察回国后，王小谟马上建议上级安排开展小型预警机的预先研究，这就是后来被俗称为平衡木预警机的空警–200。当年的科研经费预算已经分配完了，为加快项目的推进，国防科工委硬是从当年的经费中挤出一块专门的费用，安排在合肥的38所开展这种型号预警机的全尺寸样机研制。

平衡木预警机的研制是从零开始的。研制团队所掌握的是这款预警机的外形，以及靠肉眼估计的平衡木天线的大概尺寸，内部构造、基本原理等都需要从头开始摸索。当时牵头平衡木预警机研制的，是38所年仅35岁的副所长陈信平，他曾激动地立下军令状，“这个项目我亲自来干，干不出来，这个副所长我也不当了！”从预研课题开始做起，再到设计出单面阵的雷达天线，经过大量吹风试验的验证，最终确定天线外形……当历经几年的研制后，这款预警机首次试飞的时候，所有登机跟飞的科研人员都买了生命保险，既然是试飞，那就必须预估到失败的可能。远远看时，飞机上背着平衡木似乎也是轻松一跃，但其实这块平衡木长有10多米，宽、高在1米上下，

图为1999年，参加新中国成立五十周年阅兵的王小谟

飞机背着这么一个大家伙起飞，谁也不能对试验结果打包票。创新从来都是“九死一生”的，当我国“高低搭配”的预警机装备格局最终得以成形的时候，那的确是许多包括王小谟在内的科研人员拼了命才得来的。

愚公移山

虽我之死，有子存焉；子又生孙，孙又生子；子又有子，子又有孙，子子孙孙无穷匮也，而山不加增，何苦而不平？

——《先秦·列御寇·愚公移山》

1999年5月，在即将迈入千禧之年的这个春天，中国人再次被深深地刺痛。这年北京时间的5月8日凌晨，一架美–B2轰炸机向中国驻南斯拉夫联盟大使馆投下5枚精确制导炸弹，造成我国驻南斯拉夫联盟大使馆建筑严重损毁，大使馆内三名新闻记者牺牲，数十人受伤。消息传到国内，神州沸腾，山河泣血，中国政府发表严正声明，提出最强烈的抗议，北京、上海、广州、成都等地的高校学生纷纷上街举行示威游行，表达对以美国为首的北约公然袭击我大使馆暴行的最强烈愤慨。

九州同悲，华夏共愤，剧痛是一剂猛药，能够帮人猛醒，真刀真枪的较量，总归是要靠实力来说话的。要取得哪怕任何一点的胜利，都绝不能寄希望于旁人基于所谓“道义”的悲悯，更不能陷入对手会变得软弱的虚妄不实的幻想，要想胜利只有一个可靠的出路，那就是把自己变得更强。在以美国为首的北约轰炸我国驻南斯拉夫联盟大使馆后的一次军事电子专家座谈会上，与会的领导与专家一致认为，像预警机这样的重要装备，单纯依靠装备采购是不合适的。此后，预警机的自主研制被摆在了更加突出的位置上。

不久，中以合作的局势在美国的干扰下急转直下。美国掌握到中国正在和以色列合作研制预警机后，强势介入，向以色列施加压力，禁止以色列向中国出口预警机。2000 年 7 月，以色列方面向中国表示，因为来自美国的压力，以色列无法再继续履行圆环工程合同。在美国的强压下，作为美国在中东的坚定盟友，以色列选择了通过经济赔偿的方式，终止了中以双方的合作。2002 年 3 月，圆环工程的总设计师王小谟最后一次踏上以色列的国土，去完成中途夭折的圆环工程的收尾工作。3 月的特拉维夫春雨淅沥，暖意渐来，人行其间，完全被地中海春天的温润包裹着。但风尘仆仆而来的王小谟却心情沉重，春回大地也不能完全驱散心中的阴霾。

终止合作的谈判是一场恶战，要斗智斗勇，而这其中更夹杂了许多受制于人的愤懑与不甘。从 20 世纪 90 年代初，中以双方开始接触，到 1996 年双方正式签订合同，风风雨雨走过了 10 个年头之后，却要在外力的破坏性干扰下被迫终止合作。作为圆环工程的总设计师，王小谟心绪难平——凡事要靠别人，从来是靠不住的。如果自己不够强大的话，连坐在谈判桌上据理力争的资格都不够，人家说给就给，人家说不给，也只好无可奈何地接受。王小谟亲手给自己为之奔波奋斗了 10 年的圆环工程画上了句号。圆环工程虽然夭折了，但此时的中国已经有了一支专业完备的队伍，国内同步研制的样机也已完成了 80% 的工作量，更重要的是，国家投资建设了生产预警机的设施。这时，已经 64 岁的王小谟更加坚定了一个信念，那就是一定要研制出中国人自己的预警机!

中以合作被迫终止后，中央领导曾经批示，“研制部门要争口气，否则总是要给别人卡脖子。”国内预警机研制人员都憋着一口气，要自力更生，造出中国人自己的预警机。然而，自己研制与急用之间的矛盾一时还是难以解决。在这种情况下，有人建议从俄罗斯引进 A-50 预警机，以求在较短时间内形成装备。以王小谟为代表的一批科研人员力主靠中国自己的力量研制预警机，他们封闭在某宾馆里，昼夜鏖战，排出国内自主研制预警机的计划方案，给各时间点要完成什么任务都划下了硬杠杠。王小谟率队先后 8 次向上级机关、各方领导和专家进行汇报，展示多年来国内研制预警机储备的技术与能力，反复表达自主研制的意见。

当时，依旧有许多人对王小谟投来疑惑的目光，担心像预警机这样先进的装备，靠中国人自己是做不来的，但王小谟心中是有底的。在与以色列合作期间，国内的同步研制也一刻没有放松，T/R 组件已经制造出几百个了，中国人在边学边干中摸索出了自己的一套东西，造出样机已经是指日可待了。同时，经过近 10 年的配套技改，工业部门的研制条件与 20 世纪 90 年代初相比早已不可同日而语。更为重要的是，经过 10 年同步研制的积累，国内培养造就了一支规模庞大的预警机研制队伍。在此基础上，拼一口气，艰苦奋斗，拿出自己的预警机，王小谟心里是有把握的。

图为 2002 年，圆环工程终止谈判后，在以色列国防部外，王小谟（右起第三）与工作人员合影。

为了让上级机关对自主研制预警机完全放心，王小谟邀请上级机关领导进行实地考察，从硬件到软件，从技术文档到储备的万余张设计图纸，王小谟选择让领导和专家们眼见为实。在内部决策的会议上，有领导再次跟王小谟确认，对自主研制出预警机有没有信心？王小谟在会上立下军令状：做不出来，就提头来见！至此，中国自主研制预警机这件事才终于确定下来，这一过程，王小谟又是以命相搏。

2001年，空警-2000正式批复立项，国内自主研制预警机终于打破种种疑虑迈出了重要一步。而关于究竟是由电子任务系统人员担任项目总设计师，还是由负责载机平台的航空方面人员担任项目总设计师，争论又起，一时难以决定。当时，国内航空平台的武器装备研发，一般都以航空系统为主，由航空系统担任总设计师，而电子任务系统通常作为配套。但在预警机项目总设计师的选定问题上，王小谟认为预警机是信息化的装备，应该以电子为主，由电子任务系统担任总设计师。双方开会研讨时，王小谟据理力争，他曾反问，许多导弹装在汽车上，是不是就该由汽车厂的人来当总设计师？在一次登门向上级领导争取由电子系统担当总设计师时，王小谟压抑不住自己的情感，他力陈直谏，说到激动处，甚至流下了眼泪。对那一天的情形，在场的那位领导在近20年后都不能忘记。

电子系统与航空方面从各自领域的任务特点出发，为的都是更好地研制出中国人自己的预警机，唇枪舌剑，彼此都不能够说服对方。王小谟同电子领域的专家、领导，联名给时任军委主席江泽民同志写了一封信，阐明作为信息化装备的预警机，与其他航空平台的武器装备不同，其任务包括信息的汇集、信息的分发，以及信息的处理，要在作战区域的战斗机群中发挥指挥协调的作用。预警机的关键在于要发挥电子信息系统的作用，其研制应该由电子系统担任总设计师（总师）。信送到江泽民主席的桌上，江泽民主席没有明确指示，只在“电子系统当总师”一句话下面画了一道红杠，并且批示由总装备部和国防科工委决策。不久，总装备部和国防科工委做出决定，预警机研制采取双总师制，电子任务系统和航空系统分别担任总设计师，通力配合研制预警机。国内预警机的研制才刚刚开始，就打破了航空系统担任航空平台武器装备研发总设计师的传统做法，探索着走出了双总师制度实践的第一步，电子技术的重要性在王小谟这样的电子人的坚持和争取下逐渐地被重视、被认可、被尊重。

台子已经搭好，就在所有人等着王小谟登台亮相，大干一番的时候，他却后退一步，主动提出自己今后不再担任空警-2000任务系统的总设计师。为圆环工程奋斗10年，王小谟深深知道，研制中国人自己的预警机，不是一个型号的问题，不是一时的事，不是一代人的事，需要的是几代人靠着愚公移山的劲头，一代接着一代地干下去。研制空警-2000不仅是要打造第一架中国的预警机，更是要通过这个任务培养造就一批专业人才，确保预警机事业的薪火不绝，后继有人。考虑到自己已经63岁，王小谟提出应该由更加年轻的人来担任空警-2000的总设计师，他为这个人选设定了三个方面的条件：一要干过某型号的总设计师，懂业务；二要担任过研究所副所长以上的职务，懂管理；三要年龄不超过40岁。在王小谟的建议下，时任38所副所长、年仅36岁的陆军被调往北京，任命为空警-2000总设计师。

所谓江山代有才人出，当然要依靠天地造化，生出许多精华灵秀，但也要靠前辈如王小谟者的胸襟与智慧。他们爱才而不妒才，遇有才干者，便生出诸如“英雄惜英雄”的赤诚感情来，多培养爱护，绝不压制苛待。他们始终坦荡地坚持“功成不必在我”，于热闹的虚功不贪，于身后的虚名不计，忠诚于自己的本分和扶掖后人的职责，要知道，是不是贪权恋栈是最为检验人性的。他们善于观察人、辨识人，沙中淘金，为未竟的事业培养接班的人选，再把他们放到合适的土壤中，帮助他们顽强地去生长。从这个角度上来说，天地造化的功劳，也比不上前辈如王小谟者的德行，因为如果不是遇到他们，无论什么样的俊才，恐怕都会在岁月蹉跎中泯然众人。

当在合肥的陆军接到王小谟的电话，要他来北京担任空警-2000总设计师时，陆军坦言，他感到压力巨大。他既深知研制预警机之难，而且又感到自己缺乏与预警机相关的工作经验，一时踌躇。王小谟表示，这是组织决定，而且自己也会担任空警-2000的总顾问，总设计师这件事要交给你们年轻人干了。就这样，2001年的最后一天，陆军赶到北京，就任空警-2000的总设计师。

北京的凛冬寒风透骨，赶来上任的陆军心中却万分焦灼。由于之前空警-2000总设计师人选一直没有确定下来，总体的工作相较于有的分系统反倒稍显滞后，陆军的当务之急就是要尽快拿出总体方案，把工作进度赶上来。陆军感到前所未有的压力，长久以来，自己主要从事的是雷达总设计师的工作，担任空警-2000总设计师，角色转变如此之大，不能不令陆军着急。饭终究要一口一口地吃，事还是要一点一点地干，在与团队两个多月不眠不休的苦战后，2002年3月，空警-2000的总体方案通过评审，完成了系统环境定义，OWP的顶层设计和系统的设计规范、验收测试规范，以及各个系统和分系统的详细设计和接口文件。上任两个多月的陆军心里有了底，凡要干事的人，就不能畏惧煎熬，恩师王小谟是这样过来的，自己也必须要经历这样一番历练打磨。

空警-2000研制的接力棒交到以陆军为代表的年轻一代手中后，2002年3月，王小谟办理了退休手续。“退休”这件事意味着什么呢？这恐怕在很大程度上取决于你怎么看待自己正在从事的工作。只把工作当作是养家糊口、支撑生活的基本保障的话，这自然也无可厚非，这恐怕也是天下芸芸之众的普遍状态。如果将工作视为自己生命意义的一部分，那么，“退休”不过是遵从制度安排，既不能丝毫减退你对自己工作的痴迷与热爱，也不能停止你为之奋斗的激情，从这个角度上来说，“退休”恐怕只是你需要再换一种方式去付出热爱与追求而已。

王小谟讲过，“我一辈子就干了一件事，就是研究雷达。”研究雷达的这件事，早已成为王小谟生命中的一部分，在他看来，把雷达装上飞机，研制出中国的预警机是他们这一代电子人的使命所在，这已经与退不退休毫无关系了，要尽到一份责任，是必定要鞠躬尽瘁、死而后已的。虽然空警 –2000 已经顺利立项实施，但王小谟深知，单一型号的预警机是远不能满足中国防空需求的，必须要探索形成一套适应于中国需要的预警机谱系，这里面所需要的远不止大型预警机，空警 –2000 不过是一个开始而已。王小谟早已下定决心把自己的所知所能全部贡献出来，让国产预警机的研制之路走得扎实一些，更扎实一些，让自己的生命在实现国产预警机谱系化发展中尽情燃烧。

第二章 为预警机事业培养一支队伍

中国合伙人

把有限的生命投入到无限的为人民服务之中去。

——雷锋

如果皱纹终将刻在我们的额头，我们唯一能做的，就是不让它刻在我们心上。

——《中国合伙人》（2013，中国）

2002年3月，圆环工程的收尾工作刚一结束，王小谟就立刻把全部精力投入到制订出口型预警机方案上去了。空警-2000立项后，王小谟对于载机平台也要实现国产化的想法一直念念难忘。从我国防空体系建设需求来看，既需要空警-2000这样的大型预警机，也需要空警-200这样的小型预警机，还需要一种更加经济的预警机机型，一方面这将彻底解决预警机载机国产化的难题；另一方面，将推动我国预警机的谱系化发展，打造我国更加严密立体的防空网。王小谟决定通过研制出一款出口型的预警机来实践这种想法，同时，也可以在实践中摔打出一支研制队伍，在实际使用中检验完善我国的预警机技术。

2002年7月，王小谟向上级机关汇报了自己关于出口型预警机的方案。时任信息产业部副部长吕新奎听后，评价出口型预警机是一个有前途的好项目，但要在国产飞机上加圆盘风险很大，因此要先解决飞机风险再考虑正式立项。就此，如何把圆盘装上国产飞机成为摆在王小谟面前的第一大难题。2003 年 3 月，王小谟组织中航 640 所、603 所、182 厂的一些退休老专家，开展在运 -8 飞机上针对圆盘的气动结构研究和试验。从五种方案中，选出了最优的方案，证明在运 -8 飞机上加圆盘是可行的，完全可以发挥“小平台、大预警”的作用。最让人担心的飞机上加圆盘的难题攻克了，但出口型预警机的研制还是面临缺钱缺人的困境。

当时，空警 -2000、空警 -200 已经正式立项实施，短时间内要从国家层面实现三型预警机的研制立项，存在一定难度，出口型预警机研制的经费一时难以保障。更为要命的是，圆环工程时储备的预警机研制人才都已经投入到空警 -2000、空警 -200 的研制中去了，科研人员们分身乏术，而这两个项目是“天字号”的工程，半点拖延不得，要从这两个项目中抽调出人手来，几乎毫无可能，因此出口型预警机的研制貌似陷入了无人可用的境地之中。但王小谟却视这样的条件为带学生、磨炼本事的宝贵机会。他自己亲自出任总负责人，把电子、航空方面退居二线的 10 多位老同志和刚毕业不久的年轻人组织起来，拉起了一支“老头加娃娃兵”的出口型预警机研制队伍。

当时已经退休的 14 所雷达专家靖季洛是在去往三峡的游轮上接到王小谟的电话的，电话一通，王小谟问靖季洛在干什么，靖季洛笑言，自己正在游轮上畅游长江。王小谟在电话的那头一笑说，你倒会享福，享轻闲，赶紧到北京来，咱们还有任务。就因为在长江的游轮上接了王小谟的一通电话，60 岁的靖季洛立刻赶赴北京，参与到出口型预警机的研制之中。这个团队中，除已经退休的老同志外，就是刚毕业不久的年轻人了。在王小谟的推荐下，刚毕业两年的博士生曹晨被任命为出口型预警机的副总设计师，这一年曹晨才 29 岁。只干过两年空警 -200 型号工程的曹晨，被老师推到前台，他感到前所未有的压力，紧张得几乎天天都睡不好觉，担心自己担不起这么重的担子。是王小谟的鼓励才让他的脚下生了根，心里有了底，王小谟对他说，“你就胆子大点往前冲，出了什么问题，我给你兜着。”老头带着娃娃兵，王小谟他们要攻下研制出口型预警机这个山头。

2004年8月，经过两年多的酝酿和论证，中国电子科技集团公司自筹资金，出口型预警机的项目正式启动，即021工程，出口型预警机被命名为ZDK03。与空警-2000、空警-200采取双总师制度不同，完全是王小谟自我加压才得以启动的出口型预警机研制采取电子系统单总师制，王小谟被任命为总设计师，这一年，王小谟已经66岁。要把自己的追求和热爱变成现实的奋斗与年龄是毫无关系的，年过耳顺之年又披挂上阵，王小谟又焕发出青春。

在出口型预警机研制期间，王小谟要求曹晨编一个程序专门用来分析雷达装上飞机后的威力覆盖性能。就在曹晨着手编写程序的过程中，有一天，王小谟把他叫到了自己的办公室。他给曹晨看了自己用Visual Basic语言已经编好程序，并且提醒曹晨在编这个程序的过程中哪些问题要注意，哪些功能一定要做出来。王小谟用自己的行动给自己的学生又上了一课，他对曹晨语重心长地讲道，“事非经过不知难。你现在带队伍了，有很多人支撑你，但是一些很重要的事，你必须自己干，自己分析，这样才能有更深刻的体会，也才能真正要求和指导别人怎么干。”当出口型预警机进入试飞阶段后，总设计师王小谟随机奔赴西北戈壁的试飞外场。他跟飞分析问题，在噪声超过90分贝的机舱里，一待就是4个多小时，下了飞机之后，耳鸣不断，两三个小时都不能恢复正常听力。一门心思钻到研制中的王小谟甚至都感觉不到年龄、病痛给自己带来的不适，带着“娃娃兵”们分析排查问题，他和所有人一样，一干就到后半夜，外场一待就是两个多月。

毫不夸张地说，出口型预警机的研制队伍是王小谟身体力行带出来的，这些年轻人能够在人生刚起步的时候就参与到预警机的研制中去，不可不谓是人生大幸，而能够遇到王小谟这样的老师，朝夕工作在一起，既教给他们专业上的本事，也在潜移默化间给他们以德育的教化、做人的引导，亦不可不谓是人生大幸。

在出口型预警机的设计上，王小谟要求实现的一个“多此一举”的改动，却在处理国产预警机人机关系上前进了一大步。王小谟要求必须给预警机装上卫生间。试飞期间，王小谟发现一上飞机就起码要待上 4 个小时，有的时候甚至要超过 5 个小时，飞机上没有厕所，上飞机前第一要务是不能多喝水，第二是要保证千万不能拉肚子。跟飞的实际体验让王小谟感到，预警机上没有卫生间是不行的，要给指战员提供一个更加人性的作战环境，保证实战的时候不因小失而酿成大祸。航空方面听了王小谟的要求后，表示实在难于实现。一则当时国内研制预警机没有加装卫生间的经验可循，更为关键的是，飞机改装减重是一个极其复杂、代价高昂的大工程，用航空业内的话讲，每减一克都是黄金，遑论要加上一个 200 多千克的卫生间！王小谟听了航空方面的困难后表示，要在预警机上加卫生间这件事势在必行，航空方面改装飞机减重的工作难度也是客观存在的，那就要两个方面都使力，航空要研究落实飞机减重，电子任务系统也要减重，双方从两个方面进攻，必须要在实现减重的同时把卫生间装上预警机。

军工人是讲究军令如山的。在总设计师王小谟的要求下，所有的争论和不理解先被放到一边，电子和航空两个方面的研究人员立即埋头到实现减重的任务上去。经过艰辛努力，单航空方面就实现了机体减重 400 千克，在王小谟的坚持下，卫生间终于被成功地装上了预警机。从这个时候起，中国研制的预警机告别了没有卫生间的时代。出口型预警机除配备了卫生间和厨房外，还改进了照明设施、降噪设施，配备了消噪耳机，出于对使用预警机用户最深的敬意与爱护，王小谟这个“不修边幅”的老头心细如发。

除了坚持一定要把卫生间装上预警机外，在给机舱装什么灯的问题上王小谟也动用了电子单总师的“权威”。当时国内生产的飞机普遍使用的是白炽灯，最初出口型预警机自然也采用了白炽灯的设计方案。但实际上，当时白炽灯几乎停产，取而代之的是更为广泛使用的节能灯，为了制造供出口型预警机安装使用的白炽灯，需要有一条专门的生产线来生产白炽灯。从早已发展变化了的实际情况出发，王小谟要求在出口型预警机上弃用白炽灯，改用节能灯。但就是这么一个看似简单的改动却遇到了不小的阻力。负责飞机设计的团队按照当时通行的设计标准，坚持还是要在出口型预警机上使用白炽灯。作为总设计师的王小谟坚决反对，他一定要用节能灯取代已经遭停产淘汰的白炽灯。最终，双方各让一步，飞机设计方同意在设计方案中做出以节能灯取代白炽灯的改动，但这个设计方案和验收要王小谟来签字。字，王小谟最终签了，出口型预警机也成为第一款使用节能灯的预警机，机舱内一簇簇明亮的灯光，绽放着像王小谟这样敢于第一个吃螃蟹且有担当的科研人员的耀眼光芒。

只是一个小小的灯泡，非改不可吗？在王小谟看来，是非改不可的。科学恐怕是最为讲究求真求实的了，但一旦人为的复杂因素参与进去，许多判断正确、进步与否的标尺似乎就有了模糊起来的可能。装白炽灯就一定错误吗？但其是绝对符合当时的航空标准的。装上节能灯又如何呢？每签一个字都意味着是要担责任、冒风险的。从这个角度上来说，科学技术上每前进哪怕一小步都是极不容易的，因为这看起来的一小步冲破的是多年因循的陈年定见和固有的习惯，其所背负的不仅是旁人的诸多怀疑非议，甚至也是自己的荣辱成败。我们当然要感激和佩服坚定如王小谟者的科研人员，他们敢于拿出自己的方案，并有愿意为之负责的勇气，但从另外一个角度上来说，把进步的希望寄托在出现更多像王小谟这样的人身上似乎是稍显幼稚脆弱的，终究还是要创造出一片让科研人员放开手脚敢想敢干的土地才更显厚实可靠。

2005 年 6 月，ZDK03 首飞成功。“老头带着娃娃兵”终于攻下了出口型预警机研制的山头，但距离让它顺利出口，这还只是迈出了小小的第一步。武器装备，特别是像预警机这样的先进信息化装备出口有其特殊的敏感性与复杂性，出口给谁，以什么形式出口都是需要审慎研究的问题。综合各方面考虑，巴基斯坦被视为 ZDK03 的重要潜在用户。中国同巴基斯坦兄弟般的友好关系自不待言，更为关键的是，地缘政治关系复杂的巴基斯坦当时迫切需要预警机装备，来应对他国的挑衅与威胁。为解燃眉之急，巴基斯坦已经试图向第三国购买预警机，听到这个消息后，2004 年 7 月，王小谟就曾主持向巴基斯坦提供项目建议书，表示中国也可以向巴基斯坦出口预警机。巴基斯坦不相信，他们惊呼中国哪里来的预警机，巴基斯坦坚持要亲眼看到实物，才能展开下一步的谈判。2004 年，中方邀请巴方考察团到中国实地考察，看到岿然眼前的出口型预警机，巴方连自己的眼睛都不能相信了，他们坚持，你们的预警机停在地上，必须要飞起来能用才行。2005 年，中方再次邀请巴基斯坦考察团来华考察，并且安排了两个架次的演示试飞。演示试飞成功了，全程跟飞检验的巴方考察团的疑虑依旧没有完全打消，他们担心，在中国土地上进行的这次演示试飞有“表演”痕迹，要求必须把飞机飞到巴基斯坦去接受检验才能完全相信。

2006 年 7 月，一架出口型预警机飞抵巴基斯坦伊斯兰堡机场，要实地接受巴方出题，巴方检验。这是一次让人悬心屏息的远行。

出口型预警机在巴基斯坦 20 天演示试飞 7 个架次，通过了设置的高难度演示验证科目，全部满足了巴方要求。在一次试飞过程中，原本航迹显示非常连续的目标机，有 20 千米无论如何捕捉不到，在当天的试飞中留下了 20 千米的航迹空白。但巴方却对这天的试飞结果很满意，原来他们为了验证中方预警机的可信度，故布疑阵，让战斗机钻进了山沟里，战斗机留在雷达上的 20 千米空白航迹打消了巴方的疑虑，他们彻底放了心：中国人是真的有预警机，而且他们的预警机并不比其他国家的差。

图为出口型预警机在巴基斯坦

位于中巴边境的喀喇昆仑壮美巍峨，冰川绵延，黑岩峻伟，当被誉为“喀喇昆仑之鹰”的出口型预警机飞过喀喇昆仑山脉，最终顺利出口到巴基斯坦时，王小谟长舒了一口气，从此他可以骄傲地说，出口型预警机所有关键元器件都是国产的，雷达等电子设备高速数据处理所需的专用处理器芯片也是国内自主研发的。通过出口型预警机，中国全面掌握了从基础元器件到上游设备的预警机研制技术。

从被人卡了脖子买都买不来，到如今国产预警机成功出口，走过6个年头，中国成了继美国、瑞典和以色列之后，第4个能够出口预警机的国家。什么是战略家？就是透过平静水面，能够看到深流激湍，能够未雨绸缪，提前为风浪袭来筹谋准备的。在中以合作期间，就极力坚持要展开同步研制的王小谟无疑是战略家，他从不认为与别人合作可以换来安枕高卧。空警-2000顺利立项后，他又甘居幕后，把舞台让给更年轻的人，自己开辟出另外一条战线，不谋万世者，不足谋一时，不谋全局者，不足谋一域。中国预警机能够实现从无到有，从买不来到走出去的根本转变，一批如王小谟这样的战略科学家居功至伟，他们爱国忧国如斯，不辞劳苦，不避艰难，其所为者，不过就是要把预警机研制的本领牢牢掌握在中国人自己的手里。

康庄大道

王小谟是很讲“享受”的，哪怕是在最艰苦的环境里，他也总想为自己的生活增添许多活泼的颜色，这是生而为人的宝贵乐趣。当年前往贵州山里的时候，王小谟带上了一本菜谱，这成为他家餐桌美味的秘籍。逢年过节，王小谟总要亲自下厨，做上几道山里难见的菜肴，如宫保肉丁、宫保鸡丁、鱼香肉丝等，每当他做好自己最为得意的八宝鸡时，邻居都会来他家尝鲜，他的厨艺在山沟里的38所是出了名的。王小谟爱吃面条，于是就自己动手做压面机，所用的材料全靠自己搜罗，压面机的齿轮都是自己打磨的，压面机做好了，免去了妻子每天擀面的烦琐，每天都能吃上一碗顺口的面条，生活的满足与意义可能就来自这一碗热气腾腾的面条。山外面已经有了电视机，王小谟也想看电视，于是那个小时候曾给自己组装收音机的少年立刻动起手来，自己组装了一台黑白电视机，山里的信号不好，电视机屏幕雪花滋滋，但依旧成了山里娱乐生活的重要内容，他们与山外面世界的沟通联络从此又多了一种方式。“生于南洋，学在西洋，婚在东洋，仕在北洋”的辜鸿铭对中西方文化有着深刻的体察与独特的理解，他说，真正的中国人，就是一个具有孩童般的精神世界的理智成熟的人。总而言之，真正的中国人拥有孩童般纯真的心灵，又拥有成人成熟的头脑。这样的“真正的中国人”，好像说的就是去荒冷的山里研究雷达，也要给自己带上一本菜谱，自己动手制造出一个压面机，组装上一台电视机的王小谟。这是对于自己是一个“人”的最起码的尊重，正如王小谟认为的那样，人，才是科研的第一生产力。

食色，性也。归根结底，每个人都是生活在尘世中的饮食男女。要做成一番事业，特别是要率领一群人做出一番事业，就必须先对人的这种“性”有深刻的认识，且要心怀敬畏。如果一味压制，甚至抹杀这种“性”，不仅不能得到自己想要的结果，更有可能物极必反，让人心分崩离析。对待这种“性”，既要顺应，但又绝不能放纵，要能够识别，敢于修剪斩断某些过度的欲望，要妥善处理好“孩童般纯真的心灵”同“成人成熟的头脑”之间的关系，这其中的玄妙考验的是每一个人的人生智慧。

在设计合肥新所职工宿舍时，王小谟决定要给新建的职工宿舍装上热水和暖气。黔南山区近二十年阴冷的冬天让王小谟非常难忘。一到冬天，山里就愈显潮湿阴冷，虽然温度不能与北方冬天动辄零下十几度的严寒相比，但由于缺乏取暖设备，人身处其间，瑟瑟发抖，无处藏躲。而若天公不作美，温度骤降到零度以下，那就更加难熬，被褥湿冷，手脚长满冻疮也根本不为稀奇。每到这个时候，人们的工作效率就会明显降低，更极端的情况

图为在家中，与朋友自弹自唱的王小谟

是，大家几乎进入了“冬眠”状态。有了这种体会，王小谟就下定决心要给新所区的宿舍装暖气、装热水，他想让大家生活好、工作好，他坚信如果能让科研人员手暖脚暖地看书、做研究，所得的效益会远远大于装暖气的那点钱。

但这个想法却是一石激起千层浪。当时国家规定，我国淮河以南的建筑一律不得装暖气设备。要在地处长江北岸的合肥装暖气，不仅不符合国家规定，就习俗来讲，也是鲜有所闻的。但王小谟从来就是不惮于“冒大不韪”的，他顶着压力，还是给38所的新宿舍楼装上了暖气和热水。等到宿舍建完验收时，38所宿舍楼的暖气成了违反建筑规定的“铁证”。今天甲部门登门，批评一通，责令38所进行深刻检查；明天乙部门又来，要求38所认真反省……但暖气和热水已经稳稳当当地装在了38所的新宿舍里，推倒再建是绝不可能的了，王小谟就写了检查，解释为什么一定要装暖气。他把这份检查复印了若干份，放在自己办公室的抽屉里，哪个部门来，他就交上一份检查。暖气装了，检查交了，38所的宿舍有暖气的名声也传出去了。直到2008年南方冰雪灾害以前，38所的职工宿舍都是整个合肥为数寥寥的集中供暖的建筑之一，而38所也一直是合肥市井传说中那个“有暖气”的单位。

一味只求安暖，绝对不可能让38所真正在山外面站稳脚跟。靠什么让这个研究所迅速地立起来，谋求更大的发展呢？王小谟依旧选择相信人的力量。1989年的春节刚过，38所的新宿舍楼还没有建好，所长王小谟便带领许多职工住在刚建好的空荡荡的厂房里，顾不上生活中的各种不便，他就立刻着手进行科研生产的全面恢复。在这一年的全所职工大会上，王小谟的讲话始终围绕着八个大字“勇于拼搏，开拓创业”，他信心十足、激情澎湃，号召全所职工一起打一个“翻身仗”。王小谟拿出推进全面恢复生产的“十条措施”，其核心要义就是对全所职工的薪酬待遇、奖金分配、职级聘任实行“浮动”管理，严格与效益挂钩，做出贡献者奖，因循苟且者罚，违反纪律、屡教不改者，还可能被辞退。

立法之大要，必令善人劝其德而乐其政，邪人痛其祸而悔其行。王小谟恢复全面生产的“十条措施”一出，整个38所精神为之一振，奖有功，警慵懒，罚有过，大家心气顺畅，每个人都在尽力朝着做得更好的目标努力。

在事业发展的进程中，王小谟是从不迷信“经验”的，他更加倾向于培养鲜活的价值创造。1986年，正处在38所自筹迁建新所经费的吃劲关头，他到中国科学技术大学花费40万元巨资引进了7名研究生。40万元在20世纪80年代末不啻为天文数字，基建经费如此紧张，38所到底搬不搬得出去还成问题，他却把40万元用在7名还没走出校门、名不见经传的毛头小伙子身上。有人难免对他的这种做法心有疑义。但王小谟知道，迁建38所的经费可以另想办法，但千金难求贤才，而且由于改革开放以来，人才的大量外流，当时的38所几乎陷入了无人可用的危险境地，这样的所搬出来也活不长。因此，必须要把眼光放长远，需要拿出一些超乎寻常的“大手笔”，抓紧时间培养可造之才，才能避免38所因人才缺乏而错失发展良机。

1988年，这7人毕业后都到38所报到，其中就包括后来成长为中国工程院院士、空警-2000总师的陆军。陆军刚到38所时才24岁，到所后不久，王小谟就安排陆军负责参与国家“七五”期间38所的两项课题研究，而当时整个38所这个级别的课题也总共不过11项。本事是逼出来的，陆军完成了王小谟给他的第一项任务。王小谟更加确信，自己发现了一个好苗子——陆军，“是个先锋。”

1991年，王小谟就任命年仅27岁的陆军担任炮兵某重点新型目标指示雷达的总设计师。开会时，用户单位对眼前这个瘦瘦的年轻人充满了疑虑，

图为王小谟与陆军等同志在一起工作

他们甚至质疑王小谟很不严肃，在与他们开玩笑。王小谟亲自出面做出解释，雷达的方案是他亲自把关的，请用户单位放心，虽然这个年轻人看上去青涩未脱，但他聪明能干，一定能够完成这项任务。在任务推进的过程中，用户单位逐渐认可了陆军的能力，相信了王小谟的判断与决策。

什么是真正的爱才之将呢？对于资质愚庸的“将”是万不能苛求其有“爱才”之举的。凡一个“将”能够“爱才”，首先要有识人辨才的能力。此外，他还要给手下之才上阵拼杀、历练成长的机会，甚至愿意委身幕后，为了手下的人才能打胜仗而出谋划策，指点迷津。要做到这个地步，对人是有很高要求的，对人性也是极大的挑战。因为这既要求与人性深处最为隐蔽晦暗的部分做斗争，能够不“妒才”，有甘为人梯、成人之美的胸襟，又要对自己的能力有“哪怕教会徒弟，也绝不会饿死师傅”的自信。回忆起自己对陆军这样初出茅庐的年轻人委以重任时，王小谟笑着讲道，“当年，很明显，陆军拿出的方案非常好。内行跟内行说话，一说就清楚。他是明白人，让他做肯定不会错。即便万一出了纰漏，还有我呢。”如今也已经成为中国工程院院士的陆军回忆起自己初进38所的经历时，也深有感慨，“人的一生当中会有各种各样的机遇，遇到王小谟院士就是我一生当中最幸运的事。”

除了陆军，1990年，25岁的国防科技大学通信与电子专业毕业的硕士研究生吴曼青也来38所找工作。当时，这个身背军用小书包的年轻人，除了善于钻研的智慧和本领，以及想搞雷达的青春梦想外，几乎一无所有。作为一个刚刚毕业、工作无着落的年轻人，竟然能够直接敲开所长王小谟办公室的门，当面询问所长要不要他。这不禁既让人对这位年轻人的勇气心生敬慕，也让人对当时38所的良好风气和环境心驰神往，生出许多美好温暖的描摹与想象。王小谟在了解了吴曼青的情况后，直截了当地回答他：“要！”

他的一句“要”，让这个年轻人的人生从此打开了新的篇章。还是那个道理，统帅一方之将，既要有识人辨才的慧眼，也要有奖掖后进、成就他人的仁心，唯有这样，才不仅能让事业常青，更是于国家、于历史功德无量。

图为王小谟和学生们在一起

王小谟培养年轻人有自己的一套“五年法则”。他认为，年轻人必须要放手去用，不要怕给他们压担子，在他工作五年之内，就要让他承担一些重要任务，逼一逼他。在这个过程中，有人被“逼”出了真本事，那就正如孙悟空被扔进了八卦炼丹炉，历经一番烈火焚身的煎熬，炼就了火眼金睛，前途不可限量。而也有人被“逼”到应对无方、束手无策，甚至知难而退，那也是人生不进则退的无可奈何。王小谟以为，如果一个年轻人在其工作五年内还没有给他机会，让他去自己历练的话，那就几乎等同于放任他自废武功。必须要说的是，取得成就如吴曼青、陆军者，肯定不能简单地将其成功的原因归于外力所致，更重要的是这样的人本身就资质过人，且又具有超凡的毅力。但人贵仍需贵人扶，千里马常有，而伯乐不常有，如果忽视前辈如王小谟者在他们前进的路上所发挥的重要作用，那显然也是有失偏颇的。

栽下梧桐树，自然就会引得凤凰来。从担任所长以来，王小谟的工作思想是一贯的——一切为了科研。他精简机构、压缩管理人员近1/3，一线科研人员占比从1985年年底的28%增加至43%，他力排异议，不惧人言，落实科研第一线、生产第一线和机关三个档次的奖金分配办法，稳定了第一线工作人员的队伍。他爱才、用才，千方百计地吸引、留住人才，1991年，38所科研人员的平均年龄从41岁降至34岁，38所成为国防科研系统20世纪60年代前成立的单位中科研人员平均年龄最小的研究所。

在王小谟的带领下，38所不仅从山里搬了出来，而且还稳稳地在合肥扎下根来。1989年5月，埃及验收团来皖正式验收了JY-9，同年10月，JY-9正式发往埃及。1990年5月，31厘米通用显示器和军用空调器设计定型，DBF试验台和机动轮方舱顺利通过技术鉴定，时任机电部电科院院长、中国工程院院士童志鹏在技术鉴定会上充满感慨地说，“现在38所已经走出了困境，走上了康庄大道，前途是非常光明的！”同年6月，38所新所区基建基本结束，边基建、边生产的任务方告一段落。整个基建过程投入资金 7000 万元，除国家拨款 1570 万元外，其余均为自筹。到 1991 年，从贵州深山里搬出来将满 3 年，38 所年收入达到 8000 万元，是“七五”期间原定目标 1200 万元的 6 倍以上，这个在山沟沟里孵育出“蓝孔雀”的研究所，在王小谟的带领下又焕发出全新的生机。

1991 年 11 月，时任中共中央总书记江泽民非常关心 38 所从“三线”搬出后的建设发展，亲自到 38 所视察。38 所向江泽民总书记汇报了 JY-10 雷达自动信息处理站和双（多）基地试验雷达、ASIC 技术应用、门阵列通用显示器系列产品和光栅显示器等一系列新成果。视察过程中，江泽民询问陪在身边的王小谟：“都是自己做的吗？”王小谟肯定地点点头：“是的！”临行前，江泽民为 38 所题词：“加强研究，努力开发高新电子技术”，对 38 所寄予了高度的期望。

从 1969 年到 1991 年，从意气风发到华发已生，王小谟在 38 所奋斗了 22 个年头。前 13 年，他们深藏在大山里，只干了一件事。他们终日与寂寞为伴，其间一刻都未曾消减的，是生活的清苦、信息的贫瘠与旁人的质疑，在最绝望时，他甚至都想投身滚滚长江，以冲刷满心的委屈无奈和满身的疲惫。靠咬牙再坚持一下，他终于熬过了最黑暗的时刻，迎来黎明。要获得不同于凡人的成功，总需要付出不同于凡人的忍耐。在 38 所出任所长的他自己主动坐在了火山口上，搞改革，深感人言可畏、积毁销骨；搞搬迁，在外有掣肘无数，困难重重，在内也有众口铄金之虞。担任所长的几年中，王小谟没有哪次不是在争议中前进的，他所倚靠的无非是推动所里事业发展的一片赤心和无愧天地的正气良心，当然，还有慧眼如炬的敏锐判断和见招拆招的智慧谋略。

1992 年，54 岁的王小谟与他共同成长的 38 所作别，他被任命为中国电子工业总公司军工局局长，从淮河边回到自己度过年少求学时光的北京，王小谟又肩负起新的使命。

图为 1992 年，王小谟调离 38 所

第三章 为祖国打尽最后一颗子弹

无暇赴死

为什么我的眼里常含泪水，因为我对这土地爱得深沉。

——艾青

不要温和地走入那个良夜

老年应当在日暮时燃烧咆哮

怒斥，怒斥光明的消逝

——《不要温和地走入那个良夜》(狄兰·托马斯，英国)

人活着的目的不是为了生存，而是为了绽放。

——《007: 无暇赴死》

人们如果在2006年5月以后见到王小谟，就会发现这位老人有些跛足。这是2006年5月，王小谟指挥出口型预警机在合肥进行对海试飞时，遭遇车祸留下的后遗症——左腿里有块钢板没有办法取出来，王小谟从那以后只好与自己这条不太灵活的左腿相伴，上路奔波。

当时，出口型预警机正在进行关键的试飞试验，作为总设计师的王小谟奔赴合肥，现场坐镇指挥。在一次乘坐出租车外出时，出租车与迎面驶来的大货车相撞，只一瞬间，王小谟就失去了意识。王小谟后来在回忆这段经历时，曾笑言，我算是知道死是什么感觉了，就是你真的一下子就什么都不知道了。

当急救人员把卡在副驾驶位置上，已经被破碎的前挡风玻璃扎得满脸是血的王小谟往外拖的时候，陷入昏迷的王小谟才被浑身的剧痛刺醒。他先被紧急送往合肥当地医院救治，后又转院回北京继续治疗。腿部的伤势比较严重，经过手术后，他必须使用双拐，进行康复训练。

架起双拐后，王小谟感觉到腋下总隐隐地传来钻心的疼，而不像是被拐顶得疼，用手一摸，像是腋下长出了什么瘤子。恰好正在养病，王小谟就请医生看看。最初，医生比较乐观，初步判断这只是一个血瘤，没有大碍，过一段时间会自行消散。但经过进一步检查后，王小谟被确诊为淋巴癌。

才从鬼门关走了一圈，又被确诊为淋巴癌，老天在考验人这件事上是从不手软的。王小谟惧怕死亡吗？他坦言，刚刚确诊淋巴癌的时候，自己感觉几乎是当头一棒，刚从车祸中捡回一条命来，还没缓过劲儿，自己就又要死了。但冷静下来想想，人这辈子，总逃不过一死，死就死吧，也没什么了不得的。既然已经生了病，就要积极配合治疗，努力治病。另一方面，也要做最坏的打算，万一这是上天的安排，自己真的是命不过古稀，也要在有限的时间内，把事情都交代清楚了，尽力给这个世界留下些什么，也不枉活一生。

经过进一步检查，医生告诉王小谟，虽然是恶性淋巴癌，但属于早期，所幸没有扩散，治愈的概率还是很大的。从2006年5月出了车祸，腿部受重伤，不得已拄起双拐，再到7月确诊淋巴癌，本来已经开始在心里做最坏的打算了，又被医生告知，还有被治愈的可能性。在这两个月的时间中，王小谟好像坐上了过山车，但他没有被这戏剧性的变化弄得晕头转向，很快就定下神来，病要好好治，事情也还是要好好干。对于罹患癌症的病人而言，坚强地活着，与病魔做斗争，恐怕已经是最高的要求了。然而，躺在病床上的王小谟对出口型预警机项目的推进还是放心不下。8月，已经被确诊为淋巴癌的王小谟坚持亲自做出口型预警机申报国防科学技术进步奖的报告和答辩。完成这项工作后，王小谟接受了手术，并开始了6次化疗。

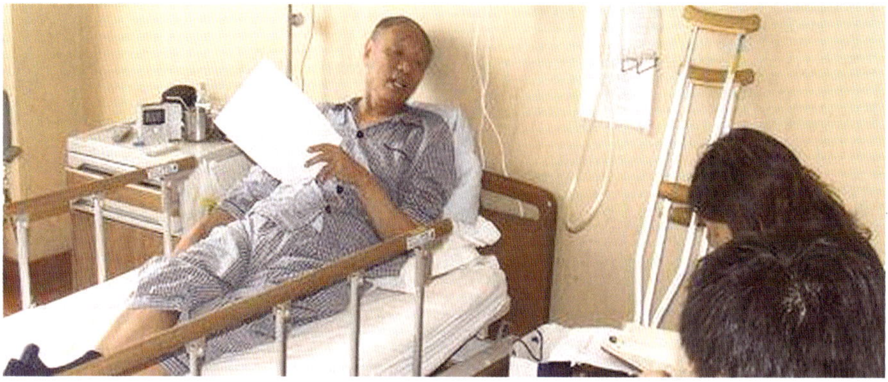

图为病床上讨论工作的王小谟

王小谟入院期间，他的学生，也是出口型预警机年轻的副总设计师曹晨在去看望他的路上压力很大，他想不出见面该和自己的老师谈些什么，生死面前，安慰的话语显得那么苍白无力。曹晨还没有走进病房，就已经听到了悠扬的京胡声。推开王小谟的病房门，果然是王小谟穿着病号服，兴致勃勃地拉着京胡。见此情形，曹晨不禁松了一口气，自己在来时路上的反复琢磨和诸多忧虑看来是大可不必的，老师根本就没那么容易被击垮。

住院的时候，王小谟经常拿起京胡，兴之所至地随手拉上一曲。如果说科学是人类改造客观世界最为理性又坚实的手段，那么艺术便是促使人更好地与自己、与这个世界相处的高妙智慧，其给人心灵的慰藉、治愈的力量自然不能像吃药打针那样立竿见影，但其润泽人心、抒发胸臆的作用又是那样的不可替代。如果将人比作一棵大树的话，那么艺术的熏染就能帮助这棵树生长出最为苍翠的绿叶，远远望去，苍劲而蓬勃。当王小谟在病房里再拿起京胡的时候，他笑言，他把在医院拉京胡当成了休息。感到孤单的时候，拉上一曲，失落难捱的时候，拉上一曲，拉弹哼唱间，赵艳容被迫装疯相抗的情景似乎跃然眼前，程雪娥被污被误，最后终于嫌疑冰释、修成正果的心境似乎也能想见，曲调悠扬间，不能不生出戏如人生的感叹来。

手术后的 6 次化疗，是要让人“脱胎换骨”的。化疗初期，刚刚经过大手术的王小谟身体还极度虚弱，但当学生来看他时，他还劲头十足地边打点滴边和学生们谈预警机的技术方案。一个在病床上还在描绘下一代预警机的人，果然是不会轻易被病魔击倒的。治疗的后半程，王小谟就已经能够自己开车奔波在家、医院与单位之间了，他把化疗比作“上班”，一次化疗耗时大概 8 个小时，化疗期间，王小谟准时 8 点钟去医院“报到”，化疗结束后，他就“下班”回家。化疗全部结束后，2006 年 12 月，王小谟终于出院了，扛过了老天给自己的极限考验，大难不死，王小谟对生命的理解又加深了一层。

大病初愈，关于出口型预警机研制的好消息接踵而至。2006 年 12 月，出口型预警机在当年的国防科学技术进步奖评选中以第一名的成绩荣获一等奖，远赴巴基斯坦进行演示试飞的出口型预警机表现优异，达到了巴方所设定的苛刻要求，中国的预警机可以出口到国际市场上几乎已成定局。电磁领域的女科学家唐晓斌对王小谟刚刚结束治疗就赶到试验外场，扶着舷梯缓缓走上飞机的身影至今难忘。

人终究会有一死的，那么风风火火又艰辛备尝地活这一生的意义是什么呢？人到这个世界上走一遭的最低追求应当是，当你离开，不会遭人唾弃，甚而有人为你悲伤。人活一世的更高追求应当是，能够创造些什么出来，为后来人铺些路，当后来人行至高处，回头再看时，总不免想起，你曾经燃烧过自己的生命支撑起他们后来的一路前行。中国的预警机事业发展肯定不是靠一个人就能完成的，也不会是一蹴而就的，其需要的是一代又一代人接续不断地登高向前，但不能否认的是，在开拓中国预警机自主研制的这条道路上，王小谟是燃烧过生命的。从 2000 年中以合作搁浅，到 2002 年双方合作正式中断，再到 2006 年的冬天，中国的预警机已经可以走出国门。这期间，王小谟为了让人们相信中国有能力研制预警机奔走呼吁过，为储备中国的预警机人才苦思冥想过，也团结起一帮“老头儿”，带上一帮“娃娃兵”冲锋陷阵过。如今，经历车祸、癌症，两次死里逃生，几死而后生，自己苦心孤诣地耕耘近 20 年的预警机事业也终于迎来收获。

我和我的祖国

死亡不是生命的终点，遗忘才是。真正的死亡是世界上再没有一个人记得你。

——《寻梦环游记》（2017，美国）

立国大事，必鞠躬尽瘁。

——《我和我的祖国》（2019，中国）

2009年10月1日，在庆祝中华人民共和国成立60周年的盛大阅兵式上，王小谟受邀到天安门观礼台现场观礼。11时11分36秒，当空警-2000作为领队机梯队的头机飞过天安门上空湛蓝的天空时，观礼台上王小谟紧盯着渐渐飞远的空警-2000，连眼睛都不舍得眨一下。这一天，距离自己被调往北京，开始接触预警机研制已经过了17年，距离圆环工程几经波折终于上马，已经过了13年，距离以方单方面撕毁合同终止合作，中国人咬着牙也要造出自己的“争气机”过去了6年……望着傲然远飞的空警-2000，王小谟抑制不住地激动，热泪不禁模糊了视线。

苦苦追求的梦想成为现实。在新中国60华诞之际，终于向祖国和人民交出了一份满意的答卷，这份答卷答得辛苦，有多少人曾经质疑过自己是否有能力答好这份答卷，又有多少人为写好这份答卷做出了巨大的牺牲，甚至付出了生命的代价，20年的拼搏不寻常，这是克服一切困难的20年，其间王小谟战胜了数不尽的失败与战友牺牲的深深悲哀，战胜了自己身体的极限，而今，才终于能够踏实地说一句，心无所愧，不负所托了。

荣誉与鲜花接踵而至，让人目不暇接。2010年，空警-2000荣获“国家科技进步奖”特等奖，2011年，王小谟荣获“全国五一劳动奖章”，

2012 年，王小谟获得“全国百名优秀共产党员”荣誉称号。

2013 年 1 月 18 日，国家科学技术奖励大会在人民大会堂隆重召开。作为荣获 2012 年度国家最高科学技术奖的两位院士之一，王小谟在掌声中捧回了“国家最高科学技术奖”的获奖证书。整个人民大会堂群星璀璨，熠熠生辉。王小谟作为获奖代表在大会上发言，面对荣誉，他是心怀敬畏的，正如他所说的那样，自己只是一名普通的科技工作者，在党和国家的支持下，做成了点儿事。这样的事离开团队的力量是绝对无法做到的。荣获国家最高科学技术奖是一种无上的光荣，这份殊荣不仅属于我个人，更属于整个团队，属于这个伟大时代所有爱国奉献的知识分子。面向未来，这位 75 岁的老人依旧满怀雄心壮志，他满怀深情地表示：我国的科学家一直把追求科学的真谛与实现中华民族伟大复兴的梦想作为己任，人生有限，创新无涯，作为一名老科技工作者，我的体会是立志报国是创新的动力，脚踏实地是成事的基础。我将继续发扬我国科技界的优良传统，与全国广大科技工作者一道，认真落实党的十八大提出的创新驱动发展战略，一如既往，不辱使命，把获得的荣誉当作不断创新的起点，继续为建设创新型国家、构建社会主义强国而添砖加瓦，为实现中华民族伟大复兴这一美好梦想做出更大的贡献。

对于王小谟而言，对党和国家给予他和他的团队的认可与荣誉，他万分感激，但获奖从来不是工作的目的，他毕生的追求就是自己爱了一辈子的雷达，干了一辈子的雷达，要尽自己所能创造出成果来，如果有哪怕那么一小部分的努力有穿透时间的力量，在未来的世界依然能够发挥作用，那么就是莫大的幸福了。授奖仪式后，有记者向王小谟提问，计划如何使用 500 万元的奖金。王小谟爽朗一笑，我想再“钓些鱼”出来，用这笔钱设立一个基金，专门用来奖励在雷达、预警机研究领域成绩突出的年轻人。

获奖之后的王小谟并没有停下脚步，他想要把祖国给予他的全部都奉献给这片土地。他坦言，“我还能干，如果祖国还用得到我，我就得干点啥。”早在空警-2000研制胜利在望的时候，王小谟就已经设定了下一个攻克的方向，他深深感到，电子信息网络只管“天”不行，得“天”和“地”一体化考量。2013年6月，作为工业和信息化部（简称“工信部”）电子科技委秘书长的王小谟，积极推动工信部设立了重点课题“天地一体化信息网络体系架构”。2013年9月，王小谟筹谋已久的“天地一体化信息网络高峰论坛”在北京召开，群贤毕至，首次在全国范围内就天地一体化信息网络的构建和发展进行了大范围、大规模的高层次集中研讨。

2014年，王小谟牵头开展了天地一体化网络发展战略研究，提出了关于我国天地一体化信息网络顶层架构和总体方案设想，初步设计了实施路径，并向国家提交了“关于启动‘天地一体化信息网络试验工程’立项工作的建议。”2014年10月开始，王小谟全身心投入到“天地一体化信息网络重大项目”的立项论证与实施方案编制中，成功推动天地一体化信息网络入选“科技创新2030—重大项目”，并率先启动。为什么王小谟一定要排除万难地推动并启动“天地一体化信息网络”？出发点依然简单明了，那就是要

图为2013年9月，王小谟主持“天地一体化信息网络高峰论坛”

以这一重大项目为契机打造一个我国自主研发的安全可靠的网络，这其中非常重要的就是要打造一批中国自己的网络协议标准规范，形成国家影响力，主导国际话语权，真正支撑起网络强国战略。从 2014 年启动至今，历经十个年头，天地一体化信息网络建设正艰难而坚定地前进着，这期间难免路歧滩险，但只要坚守初心，不忘了为什么出发，坚持不懈地走下去，总归会走到目的地的。

75 岁获得国家最高科学技术奖时，王小谟就曾说，“我的梦想是干到 80 岁，脑袋没糊涂就要一直干下去。”除策划启动了天地一体化信息网络这样的重大项目外，王小谟最喜欢到学校去，到青年学生中间去。人是科研的第一生产力——这是他在深山沟里摸爬滚打悟出来的道理，经过时间的检验，他愈发觉出其颠扑不破的深意来。2013 年 10 月，王小谟成为清华大学网络科学与网络空间研究院双聘教授，2014 年 1 月，王小谟到中国科学技术大学为新设立的“王小谟网络空间科学英才班”揭牌。他先后受聘为北京理工大学信号处理专业、电磁场与微波技术专业博士生导师、西安电子科技大学通信工程学院通信与信息系统学科博士生导师，亲自带出了 14 名博士。因为自己的年龄身体原因，精力难以保证，王小谟后来就不再招收博士生。带博士生这件事，老师和学生都辛苦，一旦不能确保给学生对得起自己良心的指导，王小谟就宁愿选择不带学生，否则既荒废了年轻人的学术热情，也是对自己的不负责任。但只要有年轻人带着问题来向他请教，他依旧是知无不言，言无不尽。2022 年 5 月 17 日，电科院成立王小谟实验室，已过朝杖之年的王小谟院士还亲自为大家介绍实验室创建初衷和思路。

2019 年 10 月 1 日，庆祝中华人民共和国成立 70 周年的盛大阅兵式上，王小谟再次受邀登上了天安门。距离第一次看到空警 -2000 飞过天安门已经倏忽十年，这一次，已远不止是空警 -2000，王小谟看到的是五型预警机集体亮相天安门，接受党和国家领导人，以及全国人民的检阅，从当年被人卡

图为 2022 年 5 月 17 日，电科院成立王小谟院士实验室，王小谟院士介绍创建初衷和思路

了脖子买不来，到如今实现了国产预警机的谱系化发展，连美国人都承认，中国的预警机领先了他们整整一代，以王小谟为代表的中国预警机人，用自己的行动为中国人争了这一口气！

图为 2019 年 10 月 1 日，王小谟受邀登上天安门

人生天地间，若白驹过隙。究竟什么才是一个人活过一场的明证呢？当你把自己的人生梦想熔铸到九百六十万平方千米的神州山河中，熔铸到这个古老民族的伟大复兴梦想中，从此大地的宁静祥和有你，人们的幸福喜乐有你，你从不用担心如何证明自己的存在，因为对这片大地而言，你从来都没有离开过。

图为 2019 年王小谟参加国庆 70 周年阅兵式时留影

第四篇

岁月留痕

我的梦想是干到80岁，脑袋没糊涂就要一直干下去。

——王小谟75岁获得国家最高科学技术奖时所讲

第一章 王小谟院士：峥嵘岁月，我和中国电子工业同行

2019年9月初，正是秋高气爽的好日子，我携夫人一起回到了贵州都匀，这个让我魂牵梦萦的地方。

回首四十多年前，就在这片红色土地上，伴随着三线建设的声声口号，在祖国的西南一隅，中国电子工业绽放出083电子工业基地这片花海。

如今，这里也展现出全新的面貌，原本的厂房成为了制药厂，当年的单位变成了影视基地，子弟学校也换了新颜，变得气派庄严。我难掩兴奋，向周围的人一一指着当年居住过的房间，工作过的地方，难忘这青山绿水的“彩云之城”（都匀在布依族语的意思），难忘和全家挤在小房间里的苦中作乐，难忘近二十年事业奋斗的日日夜夜……

图为王小谟在原 38 所旧址听取匀东中学发展情况（2016 年，他为匀东中学捐款设立奖学金，鼓励青少年积极学习科学知识）

几十年时光飞逝，沧海桑田，有幸与共和国电子工业同心同行，见证着它的波澜壮阔、起伏跌宕，让我抑制不住内心的激动，提笔记录下内心的感受。

内迁贵州电子工业基地，投身“三线建设”

图为身着军装的王小谟

我生于战火纷飞、外敌欺压的 20 世纪 30 年代，怀着青春梦想，奋斗在“中国人从此站起来了”的新中国。1961 年，我大学毕业，被分配到了地处南京的国防部第十研究院第十四研究所，穿上了军装，成为了光荣的中国人民解放军的一员，也幸运地跨入了由聂荣臻元帅亲自领导和指挥的国防科研队伍。不久，根据中央关于建设大三线的指示精神，14 所派出一大批科技人员、技术骨干等到贵州主持工作，我作为内迁员工来到了都匀。

当时运力不发达，需要连续几天几夜乘坐军列，长途跋涉、旅途辛劳，在火车上很累，没有座位，只有盘腿坐在草席铺就的地上，没有活动，到达都匀时两腿肿得很粗，有的人甚至不能行走被抬下车厢，但是为了心中的信念，大家都没有喊苦，也没有退缩。

到了贵州以后，遇到了不少生活生产上的困难。这里的住房很紧张，我和同一批次来的青年们以毛竹做骨架，芦苇席子做隔墙，油毛毡做屋顶，在简易的草棚里过着“原始”而艰苦的生活，一到雨天里面漏水外面泥泞不堪。好像受到了三线建设精神的感召，我们那批人自然而然迸发出一种自力更生、艰苦奋斗的精神，为了解决生产和生活用水的难题，我们一起搬运了沉重的铸铁管和水泥电线，铺设了千余米的引水管道。自己运沙子、浇水泥、建马路，人抬肩扛，建设了自己的厂房和宿舍……

那时候的山沟沟没有手机电脑，连电灯电话都是稀罕物件，晚上下班了，一片漆黑，什么都没有，对我们搞研究来说也是个好事，没什么事情可做那就工作吧，也没有上班下班的概念，反正都一样，工作效率反而很高。山沟里条件苦，但生活比较平静，是出成果的时期。

“九溪归一”的剑江河畔，碧玉般的剑江水，沿江两岸莺语流花，青山耸翠。在这个安静寂寞的环境中，在这片青山绿水的怀抱里，我被组织任命为三坐标雷达的总设计师，带领着一批技术骨干开始了长达十数年的三坐标雷达研究。

研制雷达，成就电子工业的“明珠”

20 世纪 60 年代开始，三坐标雷达已经成为当时国际雷达技术研究的前沿领域。14 所从 20 世纪 50 年代末期，就在苏联专家的帮助下开始三坐标雷达的研制。1960 年，随着中苏关系的破裂，苏联撤走了援助专家，苏联专家走时说了一句“就这些材料，看你们能不能弄出名堂来！”

接到任务的那天晚上，我夜不能寐，想着使命多么光荣而艰巨，但又深感能力不足，不知从何做起。当时的形势也很严峻，我们国家的引导雷达都是仿苏产品，迫切需要研制出我国自己的雷达装备部队。当时，我国电子工业水平整体不高，但国家需要我们“赶英超美”，我们的团队憋了一股劲，一定要设计出我国第一部自动化三坐标雷达！为部队着想，为祖国争光就是我们中国电子工业人最朴素的想法。

研制雷达并非一帆风顺，我科研生涯中最大的挫折就发生在研制 383 雷达的时候。

经过贵州寂寞山沟里十年苦干，我国第一部集成化、数字化、自动化的三坐标雷达——383 雷达成功问世。1979 年，我们在武汉对 383 雷达样机进行试飞。然而在试飞的时候，雷达时好时坏，好的时候好得不得了，一坏又不行，很不稳定。当时我是总设计师，我指挥人员把每个部分都检查了，但查了又查仍然没发现有什么毛病。这么持续了三个月，真是一点办法没有，那时候说真的是死的心都有了。虽然嘴上说死了算了，但是雷达还是得做。后来我们终于在一次偶然的机会下发现了症结所在，破解了这个难题。

中国电子工业，就是在这样的环境下一步步成长起来的，很多困难都是暂时的，低潮也不会永远都是低潮，总会有高潮的时候。

随着社会和技术的发展，我们能克服物质上的困难和贫瘠，但科研生产上横亘着的气候和交通难题，却在无形中扼住了我们继续前进的喉咙。于是，搬迁势在必行。从 1986 年 10 月启动合肥新厂建设，到 1989 年 1 月顺利搬迁，经过了一系列迂回曲折，跨越了千山万水。期间，我们克服了思想的波动、人才的流失、资金的缺口、基建和科研生产的重压，顽强拼搏，艰苦奋斗，在科研生产大发展的同时，高标准完成 38 所新所建设。

1992 年 2 月，一纸调令摆到了我的桌上。从合肥到北京，我依依不舍地离开了为之拼搏奋斗 20 多年的 38 所，踏上了一个更加广阔的人生舞台，但依旧在电子工业的战线上奋斗。来到北京后，我与电科院结下了不解之缘，带领电科院走上一条成为真正实体的总体院之路，也与预警机结下了不解之缘。

发展预警机事业，造出中国人的“争气机”

拥有我们自己的预警机，一直是我国雷达科研工作者的梦想。即便困难重重，我国雷达界对预警机技术的研究却从未停止。

在海湾战争中，预警机表现抢眼，成为世界关注的焦点。我当时已经搞了半辈子雷达，心里比较清楚，我们的研制条件是差一些，但努努力还是有把握的，并非绝不可为。一开始我们打算和以色列进行预警机方面的合作，但因为国际局势，合同被撕毁了。如何继续发展预警机事业？我坚决建议要自己研发。

“我们自己能干！”这句话看似很轻，但是背后的分量很重，这分量来自于中国电子工业深厚的军工技术积淀，来自于国防事业的使命和责任。我想“中国人并不比外国人笨！外国人能做的，我们中国人一定能做到！我们不但要研制出预警机，而且还要研制出世界领先的预警机！”

有人说，预警机能做的事情大概相当于“深夜用肉眼看见 20 公里外有

图为王小谟研究预警机方案

人划了根火柴”。对远距离微小目标的判断决定了预警机研制的复杂性，当时许多争论和质疑不绝于耳，很多人认为我们是“赌博”和“冒险”。不是没有波折，也不是没有荆棘，只是每遇及此，当年许下的承诺就在每个团队成员的耳边，一遍遍地不断回响，如同冲锋号一般，让人燃起更加顽强的斗志。

数年中，国家对我们团队在各方面给予了支持和关怀，我们突破了预警雷达研制最为关键的“两高一低”技术，突破了100余项关键技术，累计获得重大专利近30项，国产预警机创造了世界预警机发展史上的9个第一，成为世界上看得最远、功能最多、系统集成最复杂的机载信息化武器装备之一。我们在预警机的事业上不断掌握了主动权。

栉风沐雨的往昔岁月中留下了一生的坚守，也见证了事业的壮阔，更欣慰于未来后继有人。如今我已至耄耋之年，我这辈子也没有什么遗憾的了，做了自己想做的事，去了自己想去的地方，国家也给了我足够多的荣誉，我很知足。

当今世界，科技创新是推动社会变革和发展的重要原动力。成长于这个时代，奉献于这个时代，我感到非常幸运。我一生从事雷达技术工作，在老一辈雷达专家研究的基础上，我和我的团队经过不懈努力，攻克了多个技术难关，研制出多种型号的雷达，研制出世界上最先进的预警机。

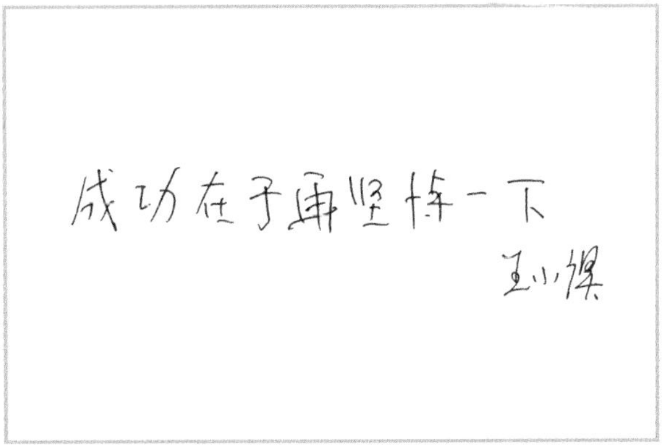

一路走来，与中国电子工业风雨兼程同心同行，拥抱着春华秋实的峥嵘岁月，我深深地感觉到，自己很幸运！

第二章　王小谟院士访谈录

1978年，经过近10年的研制，王小谟带着383雷达到北京试飞，然而，由于雷达的威力不够，考核结论是雷达不合格，甚至有人要将383就此下马。为了解决威力不够的问题，王小谟同他的团队又埋头攻关两年多，而1980年在武汉再次试飞的时候，王小谟陷入了人生最深的痛苦中，也终于迎来了人生的最大快乐……

采访人：这么多年，您搞预警机、搞雷达，这个过程中，最痛苦的事、最快乐的事是什么？

王小谟：最痛苦的时候就是在武汉，干383雷达。383是1970年开始干，到1978年，那个时候我们就干出来了一部样机。我们就带着这部雷达到北京去试飞，大概试飞了六十几个架次，在北京试飞的时候上千人来参观，我们自己感觉也不错。但是雷达本身还是有问题的，当时雷达的威力达不到，最后的结论是我们的这个产品不合格，不能用。

采访人：当时这个雷达干了多少年？

王小谟：做了8年吧。这8年全所就干了这一个产品。

采访人：那个时候已经从南京14所到贵州38所了？

王小谟：对，就在贵州。在贵州日夜就干这个事儿，干了以后，最后结论是你不行，部队不能用，不要。这个时候就感觉非常痛苦了。

采访人：那后来是怎么再争取的呢？

王小谟：后来空军方面很好，给了我们很大的支持，空军雷达部的部长支持我们，说再给我们一次机会，如果能够解决威力的问题，还是能用的，如果威力问题不能解决，那就彻底不要了。

采访人：后来攻关多久把这个问题解决掉了？

王小谟：我们为了解决这个问题，提出了十二大项的措施，又重新做了一轮，彻底把这个问题给解决掉了。为解决这个问题，我们在长沙还待了快一年，在山顶上做试验，试验了以后，觉得挺好，又拿到这儿（武汉）来试，最后考验383行不行，就在此一举。如果行，部队就要，如果不行，就拉倒了。

采访人：那时已经到了哪一年？

王小谟：那个时候已经是1980年了。

采访人：那就是说已经又过了两年了。

王小谟：对，两年了。因为当时在都匀山里看到的飞机太少了，看不到几次飞机，武汉距离贵州还比较近，我们就把雷达拉到武汉来，待了三个月。

采访人：那个时候雷达过来是靠火车运吗？几千千米长途跋涉过来的？

王小谟：雷达是开车拉过来的，一个车队，很壮观的。当时来武汉参加试飞的有百八十号人，一试，结果是时好时坏，有时候很好，有时候威力达不到，不稳定，这是最痛苦的一段时间。那时候真想跳江，沿着江边走，真想跳下去。

采访人：那是技术上的指标达不到吗？

王小谟：当时是找不到毛病在哪里，结果是时好时坏。我们现场有百来个人，有搞发射的，有搞接收的，有搞天线的，有搞计算机的，干什么的都有，每个部分都检查了，都没有毛病，指标都是合格的，但是结果就是时好时坏，当时那个气氛就很压抑了。我是总设计师，压力很大，因为这次如果再不行，我们干了近10年，第一个产品就彻底不行了，我们38所一个所就完蛋了。

采访人：那就是说，当时在武汉的试飞不仅关系到一个辛苦研制10年的产品的命运问题，还关系到38所一个所的生存问题？

王小谟：对，如果这次再不行，那38所就站不住脚了。所以那个时候在武汉就没白天没黑夜地干，想把这个问题解决了，把雷达的每个部分都拆开来，接着试，都是好的，但结果还是不行。和大家一起检查了一遍又一遍，就是找不到问题在哪里，那个时候是真难受。我就天天在雷达上面磨，今天找这个，明天找那个，最后，是一个偶然的机会找到了原因。

采访人：怎么找到的？

王小谟：雷达的接收机和发射机应该是在同一个频率，当时383发射机用的管子的频率会随着开机温度的变化而变化，接收机在单独测的时候是正常的，但它在和发射机共同工作时，随着发射机频率变化而变化的时候，在某几个频率上，互相之间有干扰，这个干扰虽然非常小，但是会影响灵敏度。由于我们当时测试的方法是每个部分单独测，把发射机关掉，去测接收机，把接收机关掉，去测发射机，这么一测，肯定都是好的，但连起来，问题就产生了。最后找到毛病出在哪里之后，我们的383雷达就好得不得了了，不仅是达到了威力要求，还超过了威力要求。所以，要说快乐、高兴，也是这个时候最快乐和高兴。

采访人：当时是觉得如释重负吧。

王小谟：对，当时是欢欣鼓舞，大家就想庆祝一下，就到老通城买武汉的豆皮儿，大家吃了一顿。所里的党委书记还来现场慰问了我们，临走的时候书记说了一句话，我现在印象还很深刻，书记说："以后不能这么吃了啊！"哈哈哈哈……

2006年，担任出口型预警机总设计师的王小谟，已经68岁了。这一年，在合肥试飞期间，王小谟横遭车祸，在鬼门关上走过一遭。也是在这一年，王小谟被确诊为淋巴癌，又在鬼门关上走过一遭。如今，因为治疗癌症而错过取出腿中钢板最好时机的王小谟，有一些跛足，而他却从未停下过忙碌奔波的脚步……

采访人：院士您现在休息得怎么样？睡眠还好吗？

王小谟：休息得挺好的，睡得也不错，中间可能醒来一下，但很快又能睡着。都不错，就是这个脚不好。

采访人：您的脚是因为当时出车祸？当时是在哪里出的车祸？

王小谟：当时是在合肥。当时情况是这样的，我是出口型预警机的总设计师，因为要试验预警机对海的探测能力，就到合肥去试飞，试飞完了之后，飞机就要到巴基斯坦去了，所以我就在现场，跟着试飞。

采访人：那是大概 2006 年还是 2007 年？

王小谟：我记得是 2006 年。当时应该是 4、5 月份，我那天出去办事，打了个出租车，我坐在副驾驶的位置上。路上有一辆大卡车，从隔离带上违规掉头，突然就冲过来了，出租车来不及刹车就撞上去了。我当时就是撞“死”了，一刹那就没有知觉了。再到后来有知觉的时候就觉得有人在拉我，从那个副驾驶座位上把我往出拽，当时满脸是血和前挡风玻璃的玻璃碴子。出事以后，38 所很快就知道了，就安排我去医院了。

采访人：那很快安排手术了吗？

王小谟：没有手术，当时是先处理脸，要把脸上的玻璃碴子都拿镊子弄出来。后来要做腿部的手术，就回北京了。因为是粉碎性骨折，接不上，就在里面放了一块钢板。

采访人：现在钢板还在里面吗？

王小谟：还在里面。本来应该一年以后就把这个钢板取出来，但在钢板放进去后，拄拐走路的时候，我就觉得胳肢窝有点疼，我拿手一摸，就摸到一个很大的瘤子。再一检查，医生说你这是恶性淋巴瘤，要马上手术。

采访人：是拄拐的时候发现的吗？

王小谟：就是用拐杖的时候，觉得疼，要是不用拐杖的话，肯定还发现不了。然后就到肿瘤医院去做了手术，做完手术之后，就继续化疗。这个时间就已经到了要取出钢板的时间了，但当时身体的情况已经不允许再动手术取钢板了，我就又去问医生，取钢板的手术做不了怎么办？医生说，做不了就做不了吧，估计也不会有什么问题。所以这块钢板就一直留在腿里了。

采访人：现在下雨天的时候还会疼吗？

王小谟：疼啊，平时也疼，腿还发胀，所以你看我走路就是一瘸一瘸的嘛。但这也是因祸得福嘛，把我的命保住了。

采访人：那得这个病您觉得和雷达的辐射有关系吗？

王小谟：没关系。主要还是因为抵抗力下降，当时干出口型雷达，最初是在一个外场，没日没夜地干，人在那个时候已经很瘦了，抵抗力已经很差了。抵抗力差的表现是什么呢？是得那个“缠腰龙”，就是带状疱疹。一般来说，这个病得一次之后就免疫了，但我在第一次治好之后，在外场又干了三四个月，之后又得了这个“缠腰龙”，前前后后得了三次这个病。后来两次我都不去医院了，就自己吃阿昔洛韦，就好了。表面上是好了，但身体的抵抗力还是不行，后来就确诊为癌症了。

采访人：您那个时候是在干出口型（雷达）？那个时候多大年纪了？

王小谟：那个时候已经是2006年，68岁了。

从1992年王小谟被调往中国电子总公司，担任军工局局长，再到1993年被任命为电科院常务副院长，带领研制预警机，王小谟一干又是近20年。从被人卡了脖子，到一定要争口气，预警机精神“自力更生、协同作战、顽强拼搏、创新图强”这十六个字的每一个都是用血和汗换来的。正如王小谟院士所讲的那样，在任何情况下，我们都必须做好自力更生的准备……

采访人：从当年研制预警机的历程来看，再对照我们今天所处的国际环境，特别是西方国家对我们进行的技术封锁和打压，您是怎么理解？

王小谟：第一个我们讲全球化肯定是没有问题的，但自己必须要有自己的东西，要自力更生。现在华为被制裁，和当时美国阻挠中以合作研制预警机很相似。美国不是哪任总统干制裁中国这件事，是每任总统都干这件事，就是看到中国人哪儿比他好，他就制裁你。当年以色列终止与我们的合作之后，我的想法是你不卖最好。因为最初中以合作，方案是我们双方一起搞的，三面阵是我们双方一起讨论的，以色列方面最后也同意，这是我们搞的最先进的一个东西了。第二个问题，就是我们一直在同步研制。按照当时的合同，经费大部分都给了以色列，国内经费只是保证相关的配套，但我还是坚持要同步研制。这就牵扯到一个中以两方，谁做多谁做少的问题了。

采访人：当时是谁决定中以双方的分工呢？

王小谟：是我作为中方的总设计师和以色列的总设计师我们两方商议，来决定这个分工，再报国防科工委批准。当时国防科工委的领导很支持我们的工作，我们提出的建议基本上都会同意。当时国防科工委是陈丹淮副部长在负责这个事，陈丹淮副部长充分信任我们，他很放手，给了我们工业部门极大的支持，让机关不要过多干预我们的事，要充分尊重我们。所以，我们要怎么干，我说了就真的是算数。

在讨论双方分工的时候，我有一个想法就是，早晚我们都得自己做。第一架合作研制也可以，但第二架就不能再买了，再买的话就危险了。所以，我就想从第一架开始，我们自己就也要跟着做。但其实当时是没有这笔经费的，当时国内的经费是用于配套的，所以当时就产生了很大分歧，我觉得是我们自己做得越多越好，但还有一种说法是，我们做得越多越要倒霉，因为做多了以后，我们在钱上就吃亏了，因为合同规定的国内配套经费是一定的，总共就那么多钱。

采访人：但从现在来看其实是我们做得越多越主动。

王小谟：单从技术来讲的话是这样，做得越多，越有利于我们掌握技术。所以我当时就争取到做 T/R 组件，我们跟以方讲，我们帮你们做壳子，我们做了500套，这是一个。第二个就是天线罩，我们也做了，这样的话，天线的尺寸我们全部弄清楚了。其余配套的东西，通信、电子站这些都是我们做的，只有雷达一部分是他们做的。这样我们就很主动了，特别是我们对他们的尺寸就了如指掌了。当时不相信我们，我们就拆一个做一个、拆一个做一个，最后都换上我们自己做的，都行了，才相信我们能做。所以，我们做了很多合同之外的额外工作。

另外，通过同步研制，我们组织了一个完整的设计班子，国内设立了总设计师、副总设计师，当时各个所也很积极地配合，给一点儿材料费就愿意干，其实那会儿给的钱很少，因为大部分钱还是要给以色列做东西，但我们做出来的也非常好，和他们的一模一样。

事后来看，这个过程是一个非常重要的过程，这就好像是有了一个预警机研制的“备胎”计划。我们那个时候就已经想到要自己研制，但没有想到后来合作会破裂，我想的是只要第一架飞机飞回来，验收之后，我就换上我们国内研制的东西，所以就这样坚持做下去了。当时国家计委于宗林是司长，他是非常支持我们的，帮助我们解决了许多技改费的大问题，帮我们建起了亚洲最大的暗室、最大的热压罐，还有T/R生产线，还包括机库。因此，当时国家是很支持我们的，改善了我们的科研条件，最后我们连样机也造出来了。

采访人：做样机的试验平台是您决定从俄罗斯买的吗？

王小谟：对，买那架飞机没有跟任何人请示，就是在一天之内决策的。那个时候苏联刚解体，俄罗斯很乱，这架飞机落在了两个个体户手里，正在找买主。消息传到我这儿，问我买不买？我问多少钱，说八十万元人民币。

采访人：够便宜的。

王小谟：确实是便宜得很。决策买飞机的这个事情还是很有意思的，当时这架飞机流落到俄罗斯两个个体户手里，所以很便宜，我就决定要买，没有请示任何人。难在什么地方呢？一个是进关的手续很麻烦，还有就是飞机飞来了以后要降落到什么地方，包括国内谁来领航，这些都是问题。当时是请求空军方面帮助我们解决了这些问题。

采访人：那负责开飞机的是俄罗斯的飞行员还是我们的飞行员？

王小谟：从俄罗斯飞到首都机场是俄罗斯飞行员，在首都机场换我们的领航员，再飞到西郊机场。这个事情大概折腾了三次才成。第一次是时间不行，改了时间。第二次是飞机已经从俄罗斯滑出跑道要起飞了，但因为他们内部利益分配的问题，飞机又不飞了。第三次，飞机才真的飞过来。飞机到了西郊机场以后，还剩了十来吨油，最后机场同意，我们把航油给机场，机场连停靠费用都不收我们的了。本来这油是由我们来抽的，我们把油送给机场了，这样双方都满意。但是怎么把飞机运到科研基地呢？这又成了问题。因为这个飞机即使拆开运，难度也还是超高的，当时的路又不像现在这么好，为了解决这个问题，北京市政府专门开了一个协调会，把各部门连夜找来开会，护送这个"大卸八块"的飞机，遇到桥就加固桥，遇到树，没办法，就砍树，飞机就这么才运过来的。

采访人：那架飞机在我们后来研制的过程中，作为一个试验平台还是发挥了很重要作用的。

王小谟：没有那架飞机，空警-2000就不让我们干了。当时以色列撕毁合同后，接下来怎么办，又出现了重大分歧。这个时候出现了和俄罗斯合作的选择，也有人很倾向于这种做法，因为和俄罗斯合作确实能够非常快地解决急需，但和我们的技术相比，俄罗斯预警机的技术水平不太好。当时不是所有人都认同这一点，所以，当时到底是自己干，还是去买，是存在非常大的争论的。有的人意见很明确，就是要买。我之前给过你们我的九次汇报稿，讲的就是在这个时候我反复找领导去汇报这个事情，想要我们自己做，其中有一次找一位领导谈时，那次真的很伤心，也很激动，跟这位领导谈着谈着，自己就哭了，坚持我们要自己干。可能就是这样感动了这位领导，他表示要到我们这里来看看。

采访人：那是什么时候？

王小谟：2000年。那个时候反复找上级汇报这个事情，就是想说明我们要自己干。领导实地看了之后，发现我们样机都做出来了，天线也做出来了，T/R还没做完，但已经做了一部分了。最后看了我们的工作之后，讲了一句话，“已经做到了这种程度，中国人还做不出预警机，就是‘白痴’。”最后，就决定支持我们自己干了。

采访人：所以现在回过头来看，我们现在在一些核心技术领域受制于人，遇到沟沟坎坎，靠我们自力更生，还是一定能够克服的。

王小谟：其实我们遇到这样的事多了，比如说，在核心技术领域，但只要什么一卡我们，我们很快就能做出什么来。总之，我们一定要在任何情况下都做好自力更生的准备。

第三章　王小谟的光影人生

王小谟做客央视《大家》节目

图为 2013 年 1 月 27 日，王小谟做客央视《大家》节目

别把自己当病人

画外音：当时国产预警机即将问世，而它的总顾问王小谟却每天开着车，奔波在家、单位和医院之间，十分乐观地接受治疗。

王小谟：就是别把自己当病人。

主持人[1]**：**那您把自己当成一个？

王小谟：就（当作）上班去。化疗的话每天大概要8个小时，（主要是）打点滴，那我就每天早上8点钟到医院上班，打完点滴再回家。

主持人：有没有特别大的困难，让您觉得特别有挫败感？有没有这样的时候？

王小谟：挫折的话，肯定是有。

主持人：最大的（是什么）？

王小谟：最大的可能就是"文化大革命"的时候，我们都是"牛鬼蛇神""反动学术权威"，把我打入机房去管计算机。

王小谟：当时我们提出一个叫脉内扫频的方案。这个方案呢，外国人没有，是我们提出来的。

主持人：是您的主意吗？

王小谟：是我的主意。所以我们就坚信这个雷达做出来是世界最先进的。

主持人：因为您的这种性格，对很多事可能都很有兴趣。

王小谟：我还是很钻研的，很喜欢问为什么。小的时候，（喜欢）拿一个东西就要把它拆开，看看里面是什么。

主持人：拆完了就装不上了吧？

王小谟：拆完了总想办法把它装上，装不上是少数，也有装不上的时候。

1　中央电视台主持人许可。

给雷达装上空调

主持人：您最早做的那批雷达上面装了空调？

王小谟：对，因为我们那会儿也要到雷达里面去的。记得当时是夏天，我进去以后就看到我手上的汗毛孔一个一个竖起来，流了好多汗珠，“哗”一下，后背就湿透了。进去不到20分钟，就体会到这个过程。战士们就是在这种情况下操纵雷达的。因此，我想应该把这个条件给予改善。

主持人：但是依然还是有很多人反对。

王小谟：对，还是反对。

主持人：但您还是坚持了。

王小谟：但这点呢，坚持做好以后，到部队深受欢迎。

开始于广告的中低空雷达

画外音：打出广告后，王小谟就开始琢磨，如何在雷达的设计上棋高一招呢？他很快注意到，世界上其他国家的低空雷达只能看低空，看不了高空，王小谟决定，设计一部从未有过的，中低空兼顾雷达。

王小谟：一到那儿以后[1]，也是很糟糕的，今天出故障，明天出故障。外国人看我们也挺有意思的，看到我们的人很可怜，老在那儿修。但是呢，我们的雷达性能好，一起演习的时候，跟美国人对抗，我们跟那个主办国说清楚了，因为是模拟演习，我们这个雷达的参数不能告诉敌对方。结果，主办国因为想买我们的东西，把我们的参数（提前）告诉美国人了，美国人就针对我们这个雷达来实施干扰。结果呢，没干扰掉我们，我们的雷达画面好得很。（雷达）外面的东西，没有加防干扰措施的，（被）干扰得一塌糊涂。演习结束以后，他们太惊奇，惊呆了，怎么中国人搞的这个东西对干扰没有反应？

主持人：怎么这么好。

1　指1989年年底，JY-9雷达第一次赴埃及进行现场验收。

王小谟： 对，因此我们就取胜了。虽然我们的可靠性不好，但是在投标当中，还有俄罗斯，俄罗斯的价钱比我们的便宜一半，人家也不买，我们（最后）中标，我们的价钱报得跟美国人是一样的。

主持人： 这太自豪了。

王小谟： 是啊。所以那一次以后，我们就非常高兴，"我们能打败美国人"。

我不怕担风险

画外音： 1988 年，凭借国家拨款和雷达出口挣到的外汇，王小谟带领 38 所到安徽合肥翻开了崭新的一页。然而在新所区的建设过程中，敢想敢干的王小谟又干了件出格的事，给所有的职工宿舍装上了暖气，在黄河以南地区，这本来是不允许的。

主持人： 在合肥当时是一件很轰动的事吗？

王小谟： 我们是第一家，合肥第一家。

图为正在接受采访的王小谟

主持人：有暖气是一种生活品质，这个叫质的飞跃。

王小谟：不但有暖气，我们还有热水。

主持人：那个时候所有的宿舍不但有暖气，还有24小时热水？

王小谟：每家都有24小时热水。我在贵州，大概就是这个时间，是最冷的时候，这一个月是干不了活了，缩手缩脚，早早地钻进被子里面去，不想出来。多可惜呀，这个时间你要看看书多好！所以，家里应该装暖气，我把大家的生活改善了，多出来了几个月的工作时间，那不是好得很吗？群众是很拥护的。因为这个，我们38所很快就出名了，学校的学生都愿意到我们这来。但是，负面作用就是要做检讨。

画外音：当时王小谟在他的抽屉里放了一堆检讨书的复印文件，谁要求他做检讨，他就给谁一份。为了提高科研人员的工作条件，王小谟宁愿担一些风险。

主持人：您是一个不怕担风险的人？

王小谟：我不怕，真是不怕担风险。

主持人：每次要去冒险的时候，有没有想过这次冒险最坏的结果是什么？

王小谟：我已经装好了，你反正也不会给拆掉，这是肯定的。你最多不让我当官就完了。

为国家站岗放哨

主持人：我觉得每一个人都会提到的一句话，叫作我们有的是国家的使命。

王小谟：我们讲了这么多，还是为了国家安全，给国家站岗放哨，我们要站好这个岗，这是我们搞雷达的责任。

我们一直在做

画外音：在预警机研制过程中，王小谟坚持使用最先进的设计方案，把巨大、沉重、复杂的相控阵雷达搬上了飞机，这一点连美国人都没能实现。在第一型预警机空警 -2000 横空出世后，美国政府智囊团詹姆斯敦基金会发表评论：中国采用相控阵雷达的预警机，比美国的 E3C 整整领先一代。

王小谟：代差嘛，有代差。等于你现在还拿着一个大哥大，我已经拿着智能手机了，那当然我要比你好得多了。但是你呢，如果你再做一个，很可能就比我的好。你要是现在再买，你不会再买一个大哥大了，你肯定想买一个更好的东西。

主持人：那也就是说，咱们跟美国人同时做，咱们做的还比他们好，或者说还领先一代，那才是真的值得骄傲了。

王小谟：我们现在就是这个目标，你美国人要做的话，你也得看我们的脸色，（看）我做的是什么样的，这个就叫国际领先。

画外音：2009 年 10 月 1 日，在国庆 60 周年的阅兵仪式上，我们自主研发的国产预警机空警 -2000、空警 -200 首次亮相，率先飞过天安门广场的上空。而王小谟当时就站在观礼台上，眼眶湿润。

主持人：遇到那么多困难，甚至是您都想到自己快要不行了，这种生死关头的时候都没有掉过眼泪。

王小谟：没有没有……

主持人：但这次掉眼泪了。

王小谟：对，这是激动，高兴地掉眼泪。

画外音：王小谟担任顾问设计研发的空警 -2000，是目前世界上看得最远、功能最多、系统集成最复杂的机载信息化武器装备。而随着轻型预警机空警 -200 和出口型预警机的陆续问世，中国预警机体系也在逐渐形成。不过，对于王小谟来说，下一步的任务，比当年追赶国际先进水平时更为艰巨和复杂。站在世界前列的中国雷达和预警机，已经失去了模仿和赶超的目标，只能不断摸索，与国外同行们展开暗中较量。

主持人：这项工作您带着您的这个团队现在进行到哪儿了？

图为一直坚持工作的王小谟

王小谟：我们在做，一直在做。我们也有很多新的点子，就是国际上都没有做出来，报道很少的东西，我们也都在做。

主持人：什么时候可以面世呢？

王小谟：这个说不上。对，还有，（还要看）哪个国家（对此）支持的力度大，我们国家支持的力度就很大，国家支持我们，我们肯定会比他们做得好。再一个，我们这些人都不笨。

主持人：那您相信您的点子会比他们的好？虽然我们也不知道他们在做什么，他们也不知道我们在做什么，但最终那一天登台亮相的时候，咱们的东西，您有信心……

王小谟：有可能，完全有可能。他们会大吃一惊。

王小谟做客央视《我的艺术清单》节目

图为 2020 年 7 月 2 日，王小谟做客央视《我的艺术清单》节目

关于科学与艺术

主持人[1]：您能跟我说说您是怎么喜欢上青衣花旦的？

王小谟：不仅喜欢拉，还喜欢唱，当时嗓子好，所以唱青衣，又因为喜欢梅派，所以就唱起来了。

主持人：您在舞台上闹过笑话吗？

王小谟：闹过。那会儿还不怎么太会唱的时候，也是一个朋友说，你上去什么事儿都不用（担心），什么事儿都没有，我就上去了，结果上去有一句唱词，（我）根本就不知道，就撂那儿了。后来（也不知道）谁在后台给我唱了一句。

1　中央电视台主持人朱迅。

主持人：您（是）怎么爱上的京剧啊？

王小谟：因为我们小时候住在大杂院里，比我们年长一点的（人）都喜欢京剧，没事就在家里唱。

主持人：听说因为想听梅派，想听梅兰芳先生的戏，没办法，您自己攒了台收音机是吧？

王小谟：对。

主持人：您是这样爱上的无线电的。高中毕业的时候差点选择北方昆曲剧院是吧？

王小谟：对。

主持人：北方昆曲剧院来招专业的戏曲演员，听说您还被看上了，您怎么没跟着走呢？

王小谟：当时我们家（人）说你别唱戏了，你还是上大学去吧。家里不太同意，因为喜欢无线电，所以（自己觉得）学无线电也行。那会儿北京理工大学叫北京工业学院，（就想着）那就到那儿去吧，就没去（北方昆曲剧院）。

图为王小谟在节目现场与著名京剧表演艺术家李维康老师合作《凤还巢》选段

主持人： 您觉得艺术和科学之间有什么样的关联？它们之间会如何相互影响？

王小谟： 都有很多内涵，都有很多学问在里面。首先你要（先）入门，入门（后）你要学，善于学习，学习你就得抓住它的重点是什么。你说我为什么喜欢李维康老师呢？她的戏以梅派为主，但其他派她都不排斥，有她自己独特的地方，她有创造性。我们搞科学研究也是一样的，我们不是凭空来的，有很多东西要学，学完了自己有什么想法，自己要能钻进去，所以艺术和科学是相通的。你只要钻进去，就有很大的学问。因此，第一个，你要钻研、肯学，坚持不懈；再一个就是要有创新性。

图为节目现场与 63 年未见的高中同学、著名昆曲艺术家韩建成再会

执着的少年

主持人： 您对他（指韩建成）有什么印象？您说说。

王小谟： 聪明得很。在我们那个剧团里面他演得特别好，我们那个戏，得了中学生汇演的一等奖，他是主角。

韩建成： 他也是极聪明，极伶俐，而且是极热情，甚至有点儿怎么说呢？有点儿魔怔。他还特别专注，你瞧我们在一起排戏（的时候），其实他那个角色不是最主要的，但是他那认真程度，比谁都认真。别人在排戏的时候，他在那儿看，然后我观察他，他还拿手比画，说明他特别专注，特别执着。

武侠梦

主持人：您爱看金庸的作品啊？

王小谟：《射雕英雄传》是我看金庸的（第一部）作品，一看就上瘾了。我是出国在船上，一个船（舱）上有四个人住，有一个人就抱着一本（书）在看，我说你怎么看这玩意儿，《射雕英雄传》是什么？他说好看。后来（我）一看就入迷了。

主持人：您喜欢金庸作品中的哪一个人物？

王小谟：我比较喜欢张无忌。

主持人：为什么喜欢张无忌？

王小谟：这个人心不贪。你看他几次学武功都是快到顶峰了，他也不贪多，学完了就很好，坚持不懈，所以他成为武林泰斗了。还有一个印象很深刻，（张三丰）现教张无忌武当派的武功，问他你学会了没有？记住了没有？他说，“记住了”。不行。（张三丰）再问他记住了没有？他说，“全忘了”。全忘了就是学成了。这个我印象太深了。

主持人：这跟科学有关吗？

王小谟：有关系。就像我们现在学很多东西，没有学到点子上，（真正）弄懂了以后，很深的学问，你可以两句话就讲出来了。

良师益友

主持人：您是特别重视人才的一个人，最初的那段日子，自己带队之后，花很高的价钱，挖来了七个顶尖的人才。其中有一个就成为这个空警 -2000 的带头人了。是不是可以连线一下陆军院士？

（看到大屏幕上的陆军后）**王小谟：**哈哈哈哈……变样子了。

图为中国工程院院士、空警-2000 总设计师陆军与王小谟院士一起在节目上

陆军：王院士好！主持人好！

主持人：陆军院士，您好！

陆军：王小谟院士是一个让我特别感恩、感动、感慨（的人），是我生命中最贵重的贵人。我们四代预警机人，王小谟院士是我们的第一代，永远是我们的精神领袖。王小谟院士确实是一个战略家，他高瞻远瞩，他那时当所长的时候，在贵州山沟沟里面，就想着怎么培养人才，我就是他从中科大“买”的七个硕士（之一）。

主持人：为什么说是“买”的七个硕士？为什么用这个动词“买”？

陆军：他花了五十万块钱……

王小谟：四十万块钱。

主持人：您还记得？

陆军：是四十万块钱。

主持人：那时四十万块钱是大价钱，是巨款。

陆军：我继续向我的恩师学习，也希望在这个舞台上，为国家更多地再做点事，然后再培养出一批更年轻的后续人才。

保持好奇心

主持人：您对时尚的东西、对新的东西，很好奇，很感兴趣。您这个好奇心就是对科学的探索，是不是？

王小谟：我说我不是个科学家，是个工程师。工程师就是能把最新的东西用上，所以得对什么事都应该敏感点儿。你看到这个东西好，可以直接拿来用，或者是那个设计的思想很好，我为什么不能这样设计啊？所以这样积累积累，信息就多了。要赶时髦，时髦的东西肯定有它的内涵在里面，它才能时髦得起来。

主持人：您网购吗？

王小谟：很早就网购了。

主持人：您的同事说您的衣服都是网购的。

王小谟：有一些。

主持人：今天穿的是吗？

王小谟：今天这个不是。

主持人：今天的还是从商场买的。

王小谟：这个衬衫可能是的。

主持人：哦，这个衬衫是，西装不是。

主持人：听说您爱做饭啊？

王小谟：做饭啊，会啊，我还会炸油条。

主持人：您还会炸油条？

王小谟：我炸得还特别好。因为我们在“三线”待了 20 年，什么都没有，什么都得自己做，自己做你就得自己去钻研。

主持人：但是关于厨艺，（听说）您也（会）细细琢磨每一个细节，看怎么弄得好吃，面条怎么下得好吃。

王小谟：对，比方说炸油条。炸油条你光弄那个配方不行，它还有一个工艺，（就是在）和好面炸的时候，还得把面拉开切一刀，那个都是有学问的。

主持人：您也（是）把它当一课题来攻克的吧。

王小谟：失败了几次以后，就炸得很好了。我在所里炸油条都出名了，那会儿一炸炸一大盆，大家都分点儿。

主持人：聪明人干什么事都在琢磨，都希望下一次比这一次做得更好。

王小谟：是这样的。

主持人：是否还有改进的方式和方法，其实这跟您搞科研也是一样的。

王小谟：对，它的主要窍门在什么地方，你得找到。

主持人：您会骑摩托？什么时候（会）骑的？

王小谟：大学的时候。

主持人：为什么喜欢骑摩托车？

王小谟：喜欢车，从小就喜欢车。有速度感，也有冒险。

主持人：大学的时候喜欢各种各样的东西，是不是对未来很有帮助？

王小谟：那当然有帮助。我们当时叫德智体全面发展。

图为王小谟在节目现场学习操作摄像机

主持人：王小谟院士也在嘱咐大学生，大学的时候不要光死读书，而是要参加各种社团，培养各方面的能力。

王小谟：对对对。我（大学的时候）就比较活跃，所以时间上就有一点儿矛盾，就是花到功课上的时间没有那些全五分的学生多。但是我记得当时我们班比较活跃的几个，（现在）发展得都比较好。

使命

主持人：为什么第三个艺术作品会选择这个雕塑作品《使命》？

王小谟：这个雷达是我这辈子第一个设计成功的雷达。

主持人：它的研发成功有什么重要的意义？

王小谟：使我们雷达行业能够进入世界先进水平。（这是）自主设计的，就是我们设计的这个东西，比美国人当时的要好。那是（20 世纪）70 年代开始做的，搞了 13 年，到 1983 年才做完。照片上的那个雷达，就是我们做的第一部真正的雷达，拿到部队去用，现在退役了，放到了我们新的研究所

图为矗立在 38 所的《使命》雕塑

的大门口，让我们每一个进所的人都想到，做好保卫祖国是我们的使命，这就是这个雷达的意义，我们 38 所就是从这儿开始的。

再坚持一下就是成功

主持人： 23 岁大学毕业，您就被指派了非常重要的任务，就成为带头人了。但是 24 岁，这是您的一个低谷，到底是为什么？我们一起来看一下。这个时候要自学英语和数学。

图为王小谟在节目现场

王小谟： 对。

主持人： 1962 年。这是……

王小谟： 因为在大学里，我们这代人都学的是俄语，没有学过英语，数学呢，我们学了高等数学，学了很多，但没有学过概率论，信息论也没学过，所以就要从头补课。大学把你领进门，培养你的自学能力，你没自学能力后面就瞎了。所以大学里给我打了很好的基础。

主持人： 29 岁，我们看看又遭遇了什么，管理计算机房，其时在当时的那个历史条件下，是被边缘化了。

王小谟：对，被边缘化了。

主持人：但是您却如鱼得水，在计算机房好像玩儿得挺开心啊。

王小谟：不仅是开心，这叫终身受益。那会儿都没有人到计算机房来，我就变成计算机房的老大，我说了算。所以就从头学起，先掌握计算机，掌握它还要能修它，我就编点程序。干点什么呢？我跟计算机下棋，我就编个程序干这个。完了以后让它唱歌啊，……这一段（经历）我是一辈子都忘不了的。

主持人：我忘了29岁还有一个特别重要的事情。我怎么能把它忘了呢？不能忘，不能忘……29岁您结婚了！

王小谟：对对对。打入机房了嘛，打入机房也没事了，就比较轻松了，自己能掌控自己了。

主持人：在哪儿认识的老伴儿啊？

王小谟：在火车上。

主持人：怎么就认识了呢？

王小谟：坐对面。

主持人：坐对面聊着聊着就谈上恋爱了吗？

王小谟：我们是一个单位的。那会儿都参军穿着军装。

主持人：听说您借给她一根绳子是吗？

王小谟：对，有这个事。

主持人：故意借的吗？

王小谟：不是故意借。她下车了，带的东西拿不起来，我说我这儿有绳子你拿去吧。

主持人：36岁还有一个节点——“武汉试飞遇故障”。这个坑跌得挺狠、挺深啊。

王小谟：1972年我当总设计师，雷达用了近7年时间设计出来了，到北京试飞，我们自我感觉很好，结果被人家挑出毛病来，说你这个雷达不行，有缺点，部队不能用。雷达是这个一千多人的研究所里唯一的一个产品，如果这个弄不好，我们这个所就砸牌子了。所以呢，搞来搞去，北京最后还是有人支持了我们，说再给我们一次机会。于是我们就下决心，又搞了3年，就改成现在这个样子了。但行不行，要到武汉去试飞（验证）。结果试飞的时候，时好时坏，找不出毛病来。这个时候的情绪跌落到谷底。（因为）找不着毛病啊，所有的部件全是好的，没有问题，但最后雷达（屏幕上）没看到飞机，你说怎么办？

主持人：找到原因在哪儿了吗？

王小谟：最后找到了。没找到原因那会儿真想跳到江里去，一了百了算了。一个偶然的机会，看到一个现象，（一下就）查到（了）问题。大概有三个月的时间找到这个问题，之后就豁然开朗，后面的荣誉也来了。

主持人：一通百通。但这三个月太煎熬了。

王小谟：那三个月是煎熬。一百多个人在现场，出了问题了，找你，你又找不到问题在哪儿。所有人都是好的，就是你不好。你说怎么办？而且都看着你，如果万一不行了，就对不起所里的一千多人，也对不起国家花了这么多钱。所以叫走投无路。

主持人：所以就像您常挂在嘴边的，坚持不住的时候，再坚持一下。

王小谟：对。

主持人：您能跟我们分享一下，作为一位科学家、一位艺术爱好者，您内心的人生感悟吗？

王小谟：你在高潮的时候，你得意的时候，不要忘乎所以；在低潮的时候，要有信心。

主持人：您的人生信条是什么？

王小谟：我觉得就是再坚持一下就是成功。往往最难的时候都是不再坚持了，那就完了。快不行的时候，往往就是你快成功了。

尾声

人民科学家

要赶时髦，时髦的东西肯定有它的内涵在里面，它才能时髦得起来。

——王小谟

1938 年 11 月 12 日，王小谟出生于上海金山一个爱国军官家庭。抗日战争期间，尚在幼年的王小谟跟随父亲辗转后方，坚持抗日。抗日战争胜利后，王小谟随家人返回上海，就读于上海虹口小学。解放战争胜利前夕，王小谟同家人奔赴解放区，移居北京。

1956 年，王小谟考入北京工业学院（今北京理工大学）无线电工程系。1961 年，王小谟以八木天线为主要研究内容的毕业设计获北京工业学院毕业设计一等奖；同年，他被分配到位于南京的国防部第十研究院第 14 研究所（现中国电科 14 所）。

在 14 所期间，王小谟在总体室工作，参加了 408 雷达的研制，并担任了 583 三坐标雷达专业组副组长，参与了国内研制 583 雷达可行性方案研究和初步工程设计。"文化大革命"期间，王小谟受到冲击，583 三坐标雷达研制工作被迫中断，王小谟调离原技术岗位，被安排到 14 所计算机房当机房管理员。王小谟没有因此自怨自艾，而是把握管理计算机的机会，深入研究和掌握了计算机的原理与运用，这使得王小谟成为我国较早掌握计算机技术的专家，并为日后他在主持研制 383 雷达时率先采用自动化技术打下了坚实基础。

图为 1957 年大一时的王小谟

1969年，响应国家“三线”建设号召，按照14所“成建制分迁”方式新建雷达研究基地的部署，王小谟深入黔西南大山，投身到第38研究所（现中国电科38所）的创建工作中，住在四面透风的油毡茅棚里，不仅食物匮乏，甚至连吃水都有困难，以王小谟为代表的一批科研人员就在这样的艰苦条件下，开启了筚路蓝缕、披荆斩棘的创业时代。

1969年12月底，王小谟被任命为38所总体室的临时负责人；1972年，王小谟被任命为国产第一部三坐标雷达——383的总设计师，13年磨一剑，克服地处“三线”、科研条件和生活条件都极端闭塞和艰苦的不利条件，于1984年4月完成设计定型。383雷达的研制成功，不仅填补了国产三坐标雷达的装备空白，也使得三坐标雷达成为我国雷达设计研制的一个新领域，更对实现我国国土防空网从概略引导向精确引导的转变，作出了重大贡献。1985年，383雷达项目荣获“国家科学技术进步一等奖”。1987年，王小谟作为全国14名有突出贡献的中青年科学家之一，受到邓小平同志的亲切接见。

图为王小谟指导调试383雷达终端

1985 年 12 月，王小谟被任命为 38 所所长。1988 年年底，38 所整体迁建安徽合肥。在调整迁建过程中，王小谟率领 38 所干部职工一方面稳妥完成了千头万绪的迁建任务，另一方面又全力保证科研生产不受影响。按照王小谟发展出口装备创汇的思路，38 所自主研制生产了 JY-9、384 等先进雷达，成功开拓了国际市场，不仅解决了 38 所迁建合肥资金匮乏的问题，完成了 38 所的“二次创业”，更创造了中国雷达出口的新奇迹。1995 年，JY-9 雷达荣获“国家科学技术进步一等奖”。

1992 年 2 月，王小谟被任命为中国电子工业总公司军工局局长，时年 54 岁的王小谟由此开启了预警机装备的论证与研制之路，推动实现了我国国土防空网从地面向空中的飞跃，更是推动实现了我国从国土防空向攻防兼备的重大转型。

1992 年，我国正式启动与国外先进国家的合作研制预警机的工作。1993 年 6 月，王小谟调任电子科学研究院常务副院长，并出任中方负责人。研制过程中，王小谟创造性提出背负式、大圆盘、三面有源相控阵雷达的新型预警机方案，同时力排众议，坚持同步安排国内配套研制，使得我国在较

图为王小谟与科研团队在一起

短时间内掌握了相控阵雷达收发组件、大型天线罩和系统软件等重大关键技术，从而将预警机发展的主动权掌握在自己手里。

2000 年 7 月，在西方大国的阻挠和施压下，外方选择单方面撕毁合作合同，我国预警机装备发展面临何去何从的关键时刻。王小谟坚持自主研制，大力推动国内立项。时任国家主席江泽民同志作出重要批示：“研制部门一定要争口气，否则总是要被人‘卡脖子’！”造出中国人自己的“争气机”，就是以王小谟为代表的广大科研人员为之舍命奋斗、协同攻关的事业和信念。

在空警 -2000、空警 -200 两型预警机成功立项后，王小谟提出了研制出口型预警机的设想，并于 2002 年 1 月起，开始了出口型预警机方案的论证，并亲任总设计师。2008 年，我国同国外用户正式签署 ZDK03 预警机的研制合同。出口型预警机的研制成功，为我国预警机基于国产飞机平台实现“小平台、大预警”的跨越提供了重要的技术基础，也标志着我国成为世界上第四个能够出口预警机的国家。

2013 年，王小谟荣获“2012 年度国家最高科学技术奖”。作为获奖代表在国家科学技术奖励大会上发言时，王小谟表示：“我只是一名普通的科技工作者，在党和国家的支持下，做成了点儿事。这事离开团队的力量是绝对无法做到的。荣获国家最高科学技术奖是一种无上的光荣，这份殊荣不仅属于我个人，更属于整个团队，属于这个伟大时代所有爱国奉献的知识分子。”

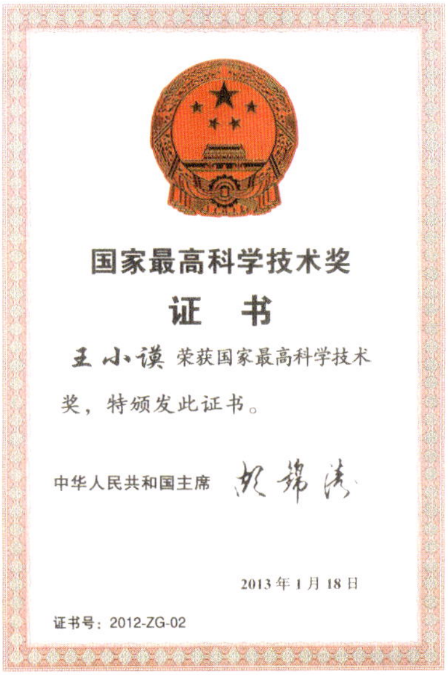
国家最高科学技术奖
证 书
王小谟 荣获国家最高科学技术奖，特颁发此证书。
中华人民共和国主席
2013 年 1 月 18 日
证书号：2012-ZG-02

2022 年 5 月 17 日，已 83 岁高龄的王小谟院士再次出征，瞄准攻关网络信息体系建设的机遇与挑战，领衔成立了王小谟空基技术实验室。

2023 年 3 月 6 日 14 时 06 分，王小谟院士因病在京逝世，享年 84 岁。

2024 年 9 月 13 日，国家主席习近平签署主席令，根据十四届全国人大常委会第十一次会议 13 日上午表决通过的全国人大常委会关于在中华人民共和国成立七十五周年之际授予国家勋章和国家荣誉称号的决定，授予 15 人国家勋章、国家荣誉称号，其中授予王小谟“人民科学家”国家荣誉称号。

生于战乱贫弱的旧中国，长于换了人间的新中国，奋斗于春潮澎湃、活力竞放的改革开放，求索不止、鞠躬尽瘁于新时代，历经中国从站起来、到富起来、再到强起来的伟大历史进程，王小谟院士主持研制成功我国第一部自动化三坐标雷达，成功研制我国第一部中低空兼顾的低空雷达，系统谋划和推进我国预警机事业的发展，设计提出了我国预警机技术发展路线图和预警机装备发展体系，为我国预警机研制彻底打破国际封锁、实现完全自主发展、赶超国际先进水平作出了无可取代的重要贡献，为我国雷达和预警机装备的发展屹立起一座座不朽的丰碑！

“人民科学家”王小谟院士相关报道视频及部分学习工作笔记剪影

王小谟大事年表

1938 年　11 月 12 日（民国二十七年，农历九月二十一日），王小谟出生于上海金山一个爱国军官家庭。

1956 年　王小谟考入北京工业学院（今北京理工大学）无线电工程系。

1961 年　王小谟以八木天线为主要研究内容的毕业设计获北京工业学院毕业设计一等奖。同年，王小谟被分配到位于南京的国防部第十研究院第 14 研究所。

1969 年　按照 14 所“成建制分迁”方式新建雷达研究基地的部署，王小谟内迁至第 38 研究所草创中，并被任命为 38 所总体室的临时负责人。

1972 年　王小谟被任命为国产第一部三坐标雷达——383 的总设计师。

1984 年　王小谟担任总设计师的 383 雷达完成设计定型。

1985 年　383 雷达项目荣获国家科学技术进步一等奖。

1987 年　王小谟作为全国 14 名有突出贡献的中青年科学家之一，受到邓小平同志的亲切接见。

1985 年　王小谟被任命为 38 所所长。

1988 年　在王小谟的主持下，38 所整体迁建安徽合肥。

1992 年　2 月，王小谟被任命为中国电子工业总公司军工局局长。

1993 年　6 月，王小谟调任电子科学研究院常务副院长，并出任与国外先进国家合作研制预警机的中方负责人。

1995 年　王小谟主导研制的 JY-9 雷达荣获国家科学技术进步一等奖。

2001 年　王小谟担任总设计师的空警 -2000 立项。

2002 年　王小谟开始出口型预警机方案的论证，并亲任总设计师。

2013 年　王小谟荣获 2012 年度国家最高科学技术奖。

2022 年　王小谟领衔成立了王小谟空基技术实验室。

2023 年　3 月 6 日 14 时 06 分，王小谟在北京逝世，享年 84 岁。

2024 年　9 月 30 日，王小谟荣获“人民科学家”国家荣誉称号。

参考文献

[1] 茅海建 . 天朝的崩溃——鸦片战争再研究 [M]. 北京 : 生活 · 读书 · 新知三联书店 , 2017.

[2] 丁日初 , 沈祖炜 . 上海近代经济史 · 第 1 卷 1843—1894[M]. 上海 : 上海人民出版社 , 1994.

[3] 复旦大学历史地理研究中心 , 韩国仁荷大学韩国学研究所 . 海洋 · 港口城市 · 腹地 [M]. 上海 : 上海人民出版社 , 2014.

[4] 姚夫 , 等 . 解放战争纪事 [M]. 北京 : 解放军出版社 , 2008.

[5] 姚远 , 刘凡君 . 王小谟传 [M]. 北京 : 航空工业出版社 , 2015.

[6] 中国电子科学研究院 . 筑梦苍穹——王小谟院士的科技报国之路 [M]. 北京 : 电子工业出版社 , 2021.

[7] 北京理工大学校史编委会 . 培养科技干部的摇篮——北京理工大学发展史 [M]. 北京 : 北京理工大学出版社 , 1990.

[8] 中共中央文献研究室 . 毛泽东年谱第三卷 [M]. 北京 : 中央文献出版社 , 2013.

[9] 谈天民 . 从延安走来——北京理工大学的办学道路 [M]. 北京 : 北京理工大学出版社 , 2004.

[10] 聂荣臻 . 在科学技术战线上 [M]//《回顾与展望》编辑委员会 . 回顾与展望 : 新中国的国防科技工业 . 北京 : 国防工业出版社 , 1989: 50–71.

[11] 王永华 . “四清”运动——以江苏省为例 [M]. 北京 : 人民出版社 , 2014.

[12] 中共中央党史研究室 . 中国共产党的九十年・社会主义革命和建设时期 [M]. 北京 : 中共党史出版社 , 2016.

[13] 陈夕 . 中国共产党与三线建设 [M]. 北京 : 中共党史出版社 , 2014.

[14] 陈东林 . 1966—1976 年中国国民经济概况 [M]. 成都 : 四川人民出版社 , 2016.

后　记

2023 年 3 月 6 日 14 时 06 分，敬爱的王小谟院士因病离开了我们，享年 84 岁。丰碑矗立，风范永存。他深厚的家国情怀、崇高的精神境界、宽广的科学视角、执着的信念追求，是我们当代科技工作者需要学习、传承和弘扬的“科技之魂”，正如他对“中国梦”的理解——“中国梦，往大了说是国家强盛、民族复兴，在我这里，就是要把中国的预警机做到最好，做到卓越。”国士无双，斯人已逝，但信念永存。加快实现高水平科技自立自强，为全面建成社会主义现代化强国，以中国式现代化推进中华民族伟大复兴的道路上，他是造梦者，更是铸魂者。让我们从王小谟院士科技报国的一生感受老一辈科技工作者的“峥嵘岁月”，见证一位科技巨人的“科技之魂”。

贺玉龄

2024 年 12 月 12 日